[改訂版]

輪廻転生とカルマの法則

スワーミー・メーダサーナンダ

日本ヴェーダーンタ協会

献　辞

本書を私の師、

故スワーミー・ヴィレーシュワーラナンダジー・マハラージに捧ぐ。

スワーミー・メーダサーナンダ

出版者のことば

本書『輪廻転生とカルマの法則』は、日本ヴェーダーンタ協会による日本語が原作となる初めての出版です。これまで協会による日本語の出版物はすべて翻訳によるものでした。

本書は、二〇一五年伊勢での協会恒例の夏期リトリートにて、多くの人々が深い関心を寄せた重要な霊的テーマについて、長時間が費やされた講話と考察がもとになっています。また本書は、生や死、活動、そして最終的にはインド哲学が説く解脱など、人生の重要な問題を扱っています。そして、『輪廻転生とカルマの法則』は、人生のこのような問題に真剣に答えを求めている人々に大いに役立つと、確信しております。

本書の出版は、多くの誠実で勤勉な協力者の、懸命な働きのおかげで実現されました。山本郁美さんが講話を書き起こしました。主な功績は、神への奉仕という精神で完璧をめざして編集の労を執られた田辺美和子さんによるものです。その仕事を熟練翻訳者の村椿笙子さんが支援をされ、佐藤洋子さんが校正をしました。ここに協力者の方々にシュリー・ラーマクリシュナの祝福を願い、深く感謝いたします。

またご多忙の中、本書に序文を寄稿して下さいました著名な人類学者であられる、東京大学の田辺明生教授にも心からお礼を申し上げます。

さらに本書のカバーのデザインは、スバーブラタ・チャンドラ氏によるものです。深く感謝いたします。

本書が人生の真の意味を探求する人々の興味を引き、さらに役立つことができれば、出版者、著者、編集者、その他すべての出版関係者は十分に労が報われ非常に嬉しく思います。

改訂版出版者のことば

『輪廻転生とカルマの法則』の初版が出版されたとき、読者はこの本のテーマに深い関心を抱いたようでした。「このような本こそ、私たち日本人がより良い人生を生きるために、必要かつ重要な知識だ」という声も聞かれました。

このたび、改訂版を出版するにあたり、初版にあったいくつかの誤植・誤謬を訂正し、新たに「索引」のページをもうけました。この本の改訂版が読者諸氏にとってさらに有益で役立つものとなることを信じております。

序文

田辺明生

敬愛するスワーミー・メーダサーナンダ師のご高著『輪廻転生とカルマの法則』に序文を捧げるありがたい機会を賜り、まことに光栄に存じます。本書はヴェーダーンタ哲学の神髄をわかりやすく明晰に説いているだけでなく、それが現代社会に生きる私たちにとっていかなる重要な意義があるかを大きな説得力をもって伝えてくれています。

自らが死すべき存在であることを思えば、限られた人生においてほんとうの幸せを追求するはずだ、とメーダサーナンダ師は指摘なさいます。たしかにそのとおりです。では、ほんとうの幸せとは何でしょうか、そして、それはいかに得ることができるのでしょうか。本書は、人生においてもっとも重要なこの問いに、はっきりとした答えを与えてくれます。

・この重要な問いは、真理とは何か、という決定的な問題とも関わります。もし永遠の真理などないとしたら、もし死ねばすべてが終わるのなら、私たちはそれほど深く考える必要はないでしょう。生きているあいだだけ、ただこの肉体の快楽を追求して暮らせばよいということになるからです。来たるべき死について考えるということは、この「私」とは何か、について考えぬくことです。

・「私」とは、単にこの肉体のことなのでしょうか。そうではない、とメーダサーナンダ師はおっしゃいます。死によってなくなるものは、私たちの肉体にすぎません。しかし、肉体がなくなっても、自己存在のエッセンスは残ります。それが「魂」です。

死のさいに魂は肉体を離れますが、そのときに、それまで自己が為してきた行為の積み重ね（カルマ）とそれがつくりだしてきた自己の傾向性（サムスカーラ）もいっしょに運びます。それで生まれかわったときに人間は、特定の能力や性格を前世からひきついでもっているのです。それらは自らの行為の結果に他なりません。行為は必ず結果を生みますが、その結果を経験するために、人間はまた生まれかわるのです。カルマが残っている限り、私たちは何度でも生まれかわらざるを得ません。これが輪廻転生です。

重要なことは、メーダサーナンダ師がおっしゃるとおり、このカルマの法則は宿命論ではない、ということです。人間は誰しも特定の状況――ある国、時代、家庭など――のなかに、特定の性質――ある身体、知能、体力など――をもって生まれてきます。自分がいつどこにどのような性質をもって生まれるかをその時点で選ぶことはできません。しかしその与えられた状況をどのように受けとめ、どのように行為してゆくかは自分で選べます。そして自らの行為を通じて自己向上を果たすことができます。自らの将来は自分で変えられるのです。そこに人間の自由への可能性があります。

そして究極の自由とは、自己自身つまり魂を知ることとです。私たち自身の本性であるこの魂つまりアートマンこそが、永遠で不変の実在であり、真理そのものなのです。そして魂の本性は、サチダーナンダ――完全な存在、完全な意識、完全な至福です。私たちの究極の幸せ、究極の自由は、この完全なる魂を知ることに他なりません。それが悟りです。

では、自己の本源たる魂を知って、悟りに至るためにはどうすればよいのでしょうか。その方法として、メーダサーナンダ師は、ギャーナ・ヨーガの実践、欲望のコントロール、すべての願いを神様に向けるという三つを説いてくださっています。そしてこれらの方法がいかに私たちを永遠の実在へと導いてくれるのかをきわめて論理的かつ明快に示してくださっています。これはほんとうの幸せへと私たちを導いてくれる実践的哲学です。

こう書いていて、私の心に大いなるよろこびが満ちあふれてくるのを感じます。それは、このすばらしい本を読み、その内容について思いをめぐらすその経験自体が、私たちの心を永遠で完全なる存在へと向けてくれるからでしょう。どうかひとりでも多くの読者諸賢が、メーダサーナンダ師の聖なるお言葉に触発され、自らの生を省み、自らの生を変えてゆくための一歩を踏み出していってくださいますように。本書を通じて、より多くの方がほんとうの幸せについて考え、それを探求してくださいますように。

二〇一七年　グルプルニマの近づくときに

東京にて

目次

凡例

＊は用語解説にある文字です。

序章　世界でもっとも特別な不思議

死の湖とツル

インドに昔、バーラタという王朝がありました。

その子孫でパーンダヴァ（パーンドゥ家の子たち）と呼ばれた五人の王子たちはみな賢く、とても勇敢でした。

兄弟そろってドラウパディーという王女をめとりましたが（五人の夫に一人の妻というのは当時は珍しいことではありませんでした）、やがて策略によって追放され、森での隠とん生活を余儀なくされていました。

ある日のこと。彼らとドラウパディーは長い時間森をさまよい、とてものどが渇いてきました。

そこで末弟のサハデーヴァが水源を探しに出かけましたが、しばらくしても帰ってきません。

心配になってつぎにすぐ上の兄ナクラが出かけました。ですがナクラも行ったまま帰ってきません。

その上の兄アルジュナも、ビーマも、次々に出かけては戻ってきませんでした。

ついに長男のユディシュティラが、ドラウパディーを残して探しに行く決心をしました。

弟たちが行った道を進むと、やがてきれいな水を満々とたたえた美しい湖にたどり着きました。

しかしあろうことか、そのほとりでは、弟たちが息絶え倒れているではありませんか！

ユディシュティラは悲しみにむせびました。

するとふいに頭上から声がしました。

不思議に思って見上げると、驚いたことにツルが人間の言葉でこう話しかけてきたのです。

「私はこの湖の持ち主である。私はおまえの弟たちに、許可なく水を持ち去るな、勝手にふれたらたちまち死ぬぞ、と警告した。だがたかが鳥の言葉と思ったか、誰も真剣に聞くことはなかった。そしてみな死んでしまった。ユディシュティラよ、おまえも水が欲しいなら、勝手に持っていってはならぬ。まずは私の質問に答えてみよ」

ダルマの神様の質問

これはインドの有名な叙事詩、マハーバーラタ*の一節です。

ツルのほんとうの姿はダルマ*の神様でした。

ダルマの神様は、ユディシュティラにおごりやうぬぼれがないか、清らかで賢い者かどうか、それをテストするためにツルとなって現れたのです。

武勇に優れた弟たちがみな死んでしまうとは、ユディシュティラはきっとこのツルはただのツルではない、と考えました。

そして、

「あなたの許可なくあなたの水を持ち去ることはいたしません。私に質問を与えてください。知るかぎりを尽くしてお答えします」と言いました。

尊敬を持って、おごりなく、誠意をもって答えようとしたのです。

ツルの質問は高い知識を必要とし、数は百ほどもありました。

しかしユディシュティラはそのすべてに、神様がとても喜び、たいへん満足する内容で答え、そしてついに兄弟全員が生き返るという恩寵を得ました。

インドの叙事詩は人に霊的な気づきを与えるために生まれたものです。

これは単なる物語でも、問答でもありません。

それはどのようなものだったのでしょうか――。

霊的な問答集

(Q) 最強の敵はだれ?

(A) 怒りです。怒りは強烈なインパクトで私たちを圧倒します。それは良心を忘れさせ、正しい判断力を失わせ、本人さえ思いもよらないような結果をもたらします。

(Q)もっとも治療のむずかしい病いは?

(A)強欲です。これに効く薬はなかなか見つかりません。

(Q)もっとも賢い人は?

(A)ダルマ(dharma)を知っている人です。ダルマとは、古代インドのサンスクリット語*の言葉で語源をdhri(ささえる)に持ち、存在をささえるもの、根拠、規範、正しい教え、道徳などといった意味があります。学問や知識に優れている人がもっとも賢い人なのではありません。ダルマとは何かを知り、それを実践して体得した人こそ、もっとも賢い人なのです。

(Q)最大のおろか者は?

(A)神様を信じない人、すなわち真理を信じていない人です。真理とは、永遠で無限の存在・意識・幸福で、真理と神様は同じものです。言葉の表現が異なるだけの違いです。

(Q)人生のもっとも正しい道とは?

(A)偉大な賢者が歩いた道。それが人生のもっとも正しい道、もっとも安全な道です。聖典も道を照らしますが、それだけを頼りに進むのはたいへん難しいことです。聖典も必要ですが、すでに目的に達した賢者たちの道を私たちも進んでいけば、それがいちばん正しく、安全な道となるのではないでしょうか。

（Q）もっとも速いものは？

（A）（科学の世界では光ですが、）心です。心に思えば私たちはすぐその場所に行けます。光も心もインドの哲学では物質です。

（Q）数えきれないほど多いものとは？

（A）自然界では雑草、しかし雑草よりも多いのが、思い、考えです。私たちは起きているあいだ、始終つぎつぎに何かを考えています。寝ているときでさえ、夢の中で考えています。

世界でもっとも特別な不思議

ダルマの神様とユディシュティラとの問答の中で、もっとも有名で、またこの本のテーマに直結するのがつぎの問答です。

（Q）世界でもっとも特別な不思議は？

（A）答えはマハーバーラタ原典のサンスクリット語の読みで紹介しましょう。

アハニアハニ　ブータニ　ガッチャンティ　ヤマモンディラン

シェーシャー　ステラッタムミッチャンティ　キンマーシチャーリャムマタハッパラン〔1〕

意味は、

・アハニアハニ「いつもいつも」

・ブーターニ「生きもの」

・ガッチャンティ「行きます」

——どこに？

・ヤマモンディラン「死神ヤマ*の場所に」——死んでいくという意味です。

・シェーシャー　ステラッタムミッチャンティ「生き残っている人は、自分たちは死なないと考えている」

・キンマーシチャーリャムマタハッパラン「これが一番特別な不思議です」

自分は死なない、この世界は永遠につづく

私たちは、人の命は容赦なく奪われていくものだと知っています。

ニュースや新聞は毎日人の死を報道しますし、事故、天災、病気は残念ですが日常のものです。

望まないにせよ、家族、友人の訃報に接することもあります。

そしてお葬式や火葬場では命のはかなさを痛感しても、日常生活にもどれば、「まさか自分があの人と同じ、死ぬという体験をするなんて！」と思っているのです。

命のはかなさを真剣に考えていたのはつかの間の幻のようです。

人生は死に向かって行進しているというのに、誕生日がくるとそれを祝って友人とパーティーをしています。

これはなんという不思議でしょうか！

私たちにはこの世界や毎日の生活が永遠につづくように思えています。

しかし自分も、この生活も、この世界も、けっして永遠なものではありません。

このことを真剣に考えれば、人生に与えられた時間についても真剣に考えるはずです。

それが生き方にポジティブな影響を与え、人生がより有意義になるはずです。

ほんとうの幸せについてつねに考え、それを追求するために生きるはずです。

よく生き、よく死ぬ――両方合わせてが人生

人は生まれたからには絶対に死にます。

ですからこの人生は限られている、という気づきはとても重要です。

この本は死をとりあげたものではありますが、けっして否定的でも、悲観的でもありません。

全体的、包括的、ホリスティックで前向きなものです。

なぜなら人の人生とは誕生、成長、衰え、死からなる一連であり、その一部分が「生」、もう一部分が「死」だからです。

そして人生が「生」と「死」の合わさったものなら、私たちは「生」の部分もよく生きなければならないし、「死」の部分もよく死ななければなりません。

しかし残念ですが、ほとんどの人は「よく生きる」には興味がありますが、「よく死ぬ」をあまり考えようとはしません。

むしろ怖い、避けたい、考えたくないと思っています。

ですが両方合わせてが人生、どちらが欠けても満足した人生にはなりません。

ならば死ぬだけではなく、生きるだけではなく、両方合わせて満足した人生を生きようではありませんか！

哲学が神秘を明かす

しかしながら、死はたいへんな神秘です。

死についてたずねても誰にも答えようがないですし、それについて話すチャンスも聞くチャンスもありません。

死の神秘を学ぶ機会はそれほどまれです。

それは、誰にも経験がないからということだけでなく、人間と、人間にまつわるものごとについてを徹底的に検証する必要があることだからです。

そしてその知識は、受け取る準備がととのっていない人に与えられると、理解できないだけではなく、誤って理解する可能性があります。

だから昔は特別な人だけがそのことを理解していました。

人里離れた森の中で、限られた、特別な聖者たちだけがそれについて話し、議論し、熟考し、瞑想し、理解していたのでした。

しかしスワーミー・ヴィヴェーカーナンダ*がそれを解放しました。

「真理はみなの知識である。森のほら穴に住む聖者たちだけのものではない。真理こそ世界の人びとに広めるべきものだ」と言って、その知識を現代社会でも実践できるよう道をひらいたのです。

それがヴェーダーンタ哲学*です。

ヴェーダーンタ哲学はインドの聖典*ヴェーダ*のウパニシャド*を基礎として、人が究極の幸せ、すなわち真理にいたる道を示します。

それを論理的、合理的、系統的に説明します。

それだけではなく知識を実践に生かそうとします。

ヴィヴェーカーナンダが眼目においたのも実践的哲学ということでした。

この本では、ヴェーダーンタ哲学の知識を礎とし、死の神秘をテーマとしてあつかいながらも、私たちの「生」全体に光をあて、最終的には真理にいたるための知識と実践方法を分かち合うことを、目的としていきます。

第一章　よく死ぬ

死を瞑想せよ――スワーミー・ヴィヴェーカーナンダの助言

あるときヴィヴェーカーナンダはつぎのような発言をしました。

――死は避けるべきものではない、むしろ瞑想すべきものである――

それを聞いた若者が驚いてたずねました。

「死を瞑想しようものなら人は恐怖に圧倒されるのではありませんか？　怖くなって、人は弱くなるのではありませんか？」

ヴィヴェーカーナンダははっきりと答えました。

「確かにはじめは恐怖におそわれるかもしれない。しかし恐怖を感じてもそれでも『死を瞑想しなさい』と私は言う。それが最終的には人を強くして、賢くするからだ」

カタ・ウパニシャドの偉大な質問

世界の聖典にあって最古の部類とされ、「神の知識」とも表現されるのがインドの聖典ヴェーダです。

ウパニシャドはヴェーダの一部で、その中でも「知識の精髄」と言われる部分ですが、興味深いことに、すべてのウパニシャドが直接的であれ間接的であれ、「死」をテーマとしてあつかっています。

中でも物語のような詩的な聖典、カタ・ウパニシャドは、賢い若者ナチケーターが死神ヤマのもとへ行き、ヤマに直接このような質問をするところからはじまります。

イェーヤム　プレーテー　ヴィチキッサー　マヌシュエー　スティーティエーケー　ナーヤマスティーティ　チャイケー〔2〕

意味は、

・プレーテー　マヌシュエー「人が死ぬときには」
・イェーヤム　ヴィチキッサー「いつも同じ議論がある」
・エーケー「ある人たちはこう言います」
・スティーティ「死んだあとに残る何かがある」
・チャイケー「別の人たちはこう言います」
・ナーヤマスティーティ「死んだあとには何も残らない」

「死んだらすべてが終わるのか、それとも何かが続くのか」。

ナチケーターが切実に知りたいと言うこの問いは、おそらく人類が誕生したときからある問いでしょう。
「死」というものがあるかぎり、こうして死の神秘への問いかけが発せられないことはなく、神秘を明かすチャレンジがなされないことはないのです。

死を瞑想するとは

ヴィヴェーカーナンダはこのように言います――

自分の感覚に絶対的信頼をおく人でさえ、「この自分の感覚は本物なのか？」と問わずにおれないときが来る。
つねに快楽を求めてそれに没頭する人でさえ、「この快楽は本物なのか？　この世界は本物なのか？」と問わずにおれないときが来る。
それが死という瞬間だ。
その瞬間、われわれが築きあげたもの、しがみついているものは、一瞬にして消えてなくなる。
自分の感覚を超えたものなど知りたくないと思っても、
自分の知る世界よりほかのものは見たくないと思っても、
死がそこにあるかぎりは、

誰しも死の神秘について尋ねずにはおられない。

われわれがしがみついていたものは本物だったのだろうか。

われわれが築きあげてきたものは本当になくなるのだろうか。

それらは在りつづけるのか。

死んだら実在しなくなるのか。

この疑問にはかならず答えが与えられなければならない[3]。


死んだらすべてが終わるのか、それとも何かが続くのか。

ナチケーターのこの問いは、魂についての問いです。真理を探究する問いです。

それほど偉大な質問であるにもかかわらず、しかしその答えを見つけるのは非常に難しいことです。

なぜならば、死後の証明が難しいからです。

誰もほんとうに死後の世界を見てきた人はいません。

死んだ人がもどってきて本にすることもできません。

観察、想像、推測、議論、実験といった一般的、科学的な方法で確かめることはできないのです。

そこでインドの聖者たちは、心や知性という道具を駆使し、瞑想という技法を使いました。瞑想し、思索し、観察し、概括し、分析し、その結果、今日の科学が与える以上の答えを発見してきました。

瞑想とは、心のすべての力を集中して一つのことを深く考える作業です。

つまり「死を瞑想する」とは、死そのものについて深く考えることです。ですがそれだけではありません。

死後はあるのか、ないのか。死ぬとすべてはなくなるのか、死後もつづくものがあるのか。天国や地獄はあるか。このように死にまつわるすべてのことについてを深く熟考するということです。

「よく死ぬ」ということ

私たちにとって死は暗い闇のようなイメージです。

わからない、考えたくない、避けたいと無意識のうちに思っています。

明日まで生きている保証はないと知っていても、「明日の朝、目をさまさないかもしれない」と思いながら寝る人はほとんどいませんし、みな「明日も生きる」という希望をもって寝床についています。

しかし死は、すべての人におとずれるものです。誰もそれから逃れることはできません。また興味がない人もいないでしょう。

だったら避ける態度ではなく、準備する態度へ方向転換したほうが、私たちにとって賢明な策だとは思いませんか？

「死」と向かい合うときに、二つの態度があります。

「死からは逃れられない。だからどうしようもない」という否定的な態度と、「逃れようがないなら、それについてよく知ろう。よく理解して死を迎えよう」という肯定的な態度です。

否定的と肯定的のどちらが良いでしょうか——結果は大きく異なります。

何の知識もなく死を迎えた場合を想像してみてください。

とてつもない死の恐怖におそわれることでしょう。

恐怖と心配に圧倒されることでしょう。

心がまったく落ち着かなくなるでしょう。

なぜ死ななければならないのかと強い疑問がわくでしょう。

もっと生きたいという欲望と執着が生じてくるでしょう。

しかしもし、生きているうちから準備をしていたら、「死とはこういうもので、死んだあとはこうなります、生まれ変わるとはこういうことです」ということをはっきり理解していたら、死を迎えても、怖がることなく、おだやかで静かな心持ちでいられるのではないでしょうか。

・知識をもって死ぬ
・勇気をもって死ぬ
・平安をもって死ぬ

知識をもって準備ができたら、勇気をもって、平安をもって死ぬことが可能になるのではないでしょうか。

知識をもって死ぬ

死んだあと、自分はどうなるのか。

これは死について考えたとき、最初に浮かぶ質問であり、死後の有無についての自問自答の問いかけでもあります。

ヴェーダーンタは死について、さまざまな命題を考え、それについての答えを明かしていきました。

・死ぬとはどういうことか
・何が死ぬのか
・何が死なないのか
・死んだあとはどうなるか

・死者と生きている人とのコンタクトは可能なのか
・死なないものがあるなら、それはどのように、いつまで続くのか
・生まれ変わりはあるのか
・生まれ変わるなら、いつ、どのように生まれ変わるのか

知識が闇を照らすのです。

知識が人を強くします。

それも食事のように一時的ではなく、安定的に強くするのです。

勇気をもって死ぬ

「勇気をもって」とは「恐怖がない」ということです。

勇気のみなもとは、知識を深く理解することと、そしてそれへの信仰です。

のちほど説明しますが、その知識とは、「肉体の終わりがすべての終わりではない、というはっきりとした理解」です。

肉体が「私」ではないと知ることが、真の勇気へとつながります。

この本を読み終わったらぜひ、

「肉体がなくなっても『私』はなくならない」と瞑想してください。

「肉体」と「私」は、別々のものであると気づくでしょう。

平安をもって死ぬ

「平安をもって」とは「満足した」ということです。

死ぬ間際、「この人生をよく生きた！　後悔はない！」とすがすがしくふり返ることができたら、その死は幸福な人生の象徴となるでしょう。

ですがもし、無駄な人生だったと思うとしたら、心に去来するのはおそらく悔い、疑い、心配、恐怖、苦しみ、悲しみ、不安、混乱といった感情です。

この、平安をもって死ぬということは、突然できることではありません。

生きているうちからの準備と実践が大切です。

知識を得て、実践をし、知識を確認して、そして知識への強い信仰を持つことが平安への鍵となります。

そしてもうひとつ、つぎのような強い信仰を持つことでもやはり、私たちを平安な死へと導きます――生きているあいだ、神様が面倒をみてくれた。だから死んだあとだって、絶対に神様が面倒をみてくれる――

神様は私たちの永遠の家族、永遠の友人なのですから。

第二章　死んだらすべてが終わるのか、それとも何かが続くのか

死んだらすべてが終わるのか

死んだらすべてが終わるのか、それとも何かが続くのか。

これについては、昔も今も、意見は二つにわかれています。

インドのかつての有名な哲学者チャールヴァーカ*は、「人は物質から生じ、物質へ帰る」と論じました。

人は死ぬと単なる物質となり、人という存在は消滅する。ゆえに死後はない、天国もない、地獄もない、天国に行くために布施をする必要も、徳をつむ必要もない、と言ったのです。

人がめざす最高の目的は、聖典が言うところの天国でも、悟りでもない。

人生を最大限に楽しみ、最大限の快楽を得ることだ、と快楽主義的な意見を主張したのです。

チャールヴァーカは、聖典や、聖典をつくった聖者たちを、無いものをあると見せかける嘘つきだと決めつけ、ドラッグを飲んだか不眠症だかで幻覚を見たのだろう、とまで言いました。

死んで燃やして灰となった物質が、どうやってふたたび人間の形になるというのか。そんなことは非論理的だという意見でした。

昔、チャールヴァーカは一人でした。

現代にはたくさんのチャールヴァーカがいます。

すべては元素という物質から生じ、やがて分解したらそれに帰るとする唯物主義的考えの科学者や学者たち、唯物論的歴史観をもつ共産主義者たち、そして神の存在を信じない人びと、快楽主義者たちです。

彼らにとっては心や魂は肉体に付随した現象で、それらは肉体があるからこそ存在している、肉体と共に消滅するものだ、と言っています。

それとも何かが続くのか

その立場とは一線を画して、知覚困難な何かがかならず存在し、肉体は死んでもそれは死なずにありつづける、という人びともいます。

その詳しい意見についてはさまざまであっても、「死後はある」という意見をトータルすれば、世界には、死後の存在を信じていない人より信じている人のほうが多いと言えるでしょう。

また宗教という点からみても、世界のどの宗教も死後についての考え方を持っていることが特筆されます。

それにともない天国と地獄の存在もどの宗教にも通じる考えですが、しかし、生まれ変わりがあるかどうかは各宗教で意見がわかれるところです。

たとえばキリスト教やイスラーム教には生まれ変わりという考え方はありません。

死んだあとは、「最後の審判」のときに生前の善行悪行が基準となり、天国、地獄に振り分けられ、いったんその場所に行けば永遠にそこにとどまる、としています［4］。

一方で、ヒンドゥ教*や仏教は、生前のおこないによって天国、地獄に行くとはするものの、そこが永遠のすみかだとは言いません。ある期間はそこで過ごしてもそれが終わるとそこから出て、ふたたび生まれ変わって新たな人生を生きる、としています。

古代エジプトでも肉体のほかに魂が存在すると考え、肉体を保存することで魂を保存しようとするミイラの文化が生まれました。

前世の記憶をもつ少女

ここで八〇年ほど前のインドで実際にあった話を紹介しましょう。

それは前世の記憶にまつわる話です。

その少女はいつも両親に、「私のほんとうのおうちは別のところにあるの。そこに私のお母さんとだんなさんと息子がいるのよ」と話していました。

最初は子どもの空想だろうと気にとめていなかった両親ですが、あまりに同じことをくり返すので少女が言う住所に手紙を出してみました。すると驚いたことに、ほんとうにその住所に少女が語る人たちが住んでいたのです！

その報道にインド政府が動きました。真偽の調査のために委員会を立ち上げ、少女とともに現地に向かわせたのです。

その土地を訪問するのは初めてにもかかわらず、少女は率先して案内するほど場所に詳しく、またその家の様子や家族の仕事まで知っていました。

家族と面会したときには「この人が私のだんなさんです」と言って泣いたそうです。

話を聞くと、彼の奥さんは若いころに病気で亡くなっており、二人のあいだには息子がいました。いまや息子は大きく成長し、だんなさんは別の人と再婚していました。

「再婚しないと約束したではないですか！」そう言って、少女は前世のだんなさんに怒ったそうです。

このように、前世の記憶を持っていたり、思い出したりする人がいることは世界中で報道されています。

死んだらすべてがなくなる、前世などというものはないと考える人びとは、こうした事例をどのように説明するのでしょうか。

前世があるなら、なぜ思い出さない？

唯物的な考えの人は、「前世があるなら、なぜそれを思い出さないのか？」と反論します。

答えは、「人はつらいこと、悲しいこと、苦しいことは思い出さないようにできている」というものです。

心の病気を考えてみてください。ひどい体験を忘れられないから病いにかかるのです。

いま生きている人生さえも大変なのに、前世の記憶もそれにつけ加えようというのですか？

良い思い出だけを思い出し、悪い思い出は思い出さないというわけにはいきません。思い出すならつらいこと、悲しいことまで思い出します。

私たちは、たくさんのことを忘れることができて、やっとふつうに生きていられるのです。前世の記憶まで思い出したらほんとうに頭がおかしくなります。

思い出すことはできる

しかし実際のところ、思い出すことはできます。

瞑想のヨーガといわれるラージャ・ヨーガ*についてのパタンジャリ*の格言集、ヨーガ・スートラ*にはつぎのような節があります。

アパリグラハスタイリエー　ジャンマカタンター　サムボーダハ

「人は、アパリグラハ（非所有、贈り物を受けない、むさぼらない、の意）の状態を確立すると前世の記憶を獲得する[5]」

サムスカーラサークシャートカラナート　プールヴァジャーティギャーナム

「サムスカーラ＊（過去の印象）に集中して瞑想すると、前世を思い出す[6]」

またインドの聖典の中でもっとも有名で重要な聖典、バガヴァッド・ギーター＊では神の化身シュリー・クリシュナ＊がこのようにおっしゃっています。

私も君も、何度となくこの世に生まれてきている。
だが私はすべてをおぼえているが、君は前世のことなどなにも知らない[7]。

過去生はあります。
ただ私たちがそれを思い出せないだけです。

パラサイコロジーとヨーガ

パラサイコロジー＊という学問分野は、一九世紀後半のアメリカではじまり世界に広がった学問です。超心理学とはいうものの、フロイトやユングで知られる心理学とは別種の学問で、一般的な自然法則では説明不可能な現象をその研究対象としています。

それゆえ科学と言えるか、心理学と言えるか、学者のあいだでの評価はさまざま……といったところです。

具体的にはテレパシー、予知、透視、千里眼（遠く離れた人の心や物の状況などがわかる）、前世の記憶などといったESP（〔extra-sensory perception〕超感覚的知覚）と呼ばれる超自然力が研究テーマで、現在の科学では解明できないそれらを実験によって証明しようとしています。

他方そうした超自然力は、ヨーガの修行が進み、熟達すると自然に獲得できます。

瞑想を修行の中心にすえるラージャ・ヨーガは、人の能力を根底から研究し、分析したことにより「科学のヨーガ」とも言われています。その経典であるヨーガ・スートラには「ビブーティ・パーダ（超自然力の章）」という章があり、そこには熟達者が獲得するさまざまな能力が列挙されています。

たとえばある瞑想によって、遠隔地での出来事を知ることができる。

別の瞑想では、人の心を読むことができる。

また別の瞑想では自分がとても精妙な形になることができる。

または軽くなることができる。

前世がどのようであったかがわかる、などなどです。

パタンジャリがこれらを経典に記した理由は、そのような能力が悟りの障害となる可能性があるため警鐘をならすのが目的でした。

しかし人が、実践によって超自然力を得ることができるというのは、ヨーガがしめす明白な事実です。

ヴィヴェーカーナンダによる実験

ヴィヴェーカーナンダもヨーガの熟達者でした。

これはロンドンで、ラージャ・ヨーガの連続講義をしていたときの話です。

前述したような超自然力は、それを聞くだけでは信じることができない人がほとんどでしょう。

そこでヴィヴェーカーナンダは、ヨーガ・スートラの内容が真正《しんせい》で科学的だと証明することで参加者の聖典への信仰を養いたいと、講義の際に透視のデモンストレーションをしました〔8〕。

まずは参加者に、紙に何らかの質問を書いてもらい、その内容が誰にも見えないようにしてもらいました。

つぎに一人を選んで、

「あなたは体調が悪い奥さんを家にのこしてきましたね？　そしてその容態はどうだろうか、それを知りたいという質問を書きましたね？」

と書かれた質問を言い当てました。

それだけではなく、その家や部屋のようすまで描写してみせ、奥さんの容態は安定しているから心配ありませんよ、と伝えました。

もちろんヴィヴェーカーナンダはその人の家に行ったことなどありません。ふつうの目で見たのではなく、実践を積んで得た、ある種の「目」で見ていたのです。

これらのことをどう説明しますか

科学の説明の土台は何百回という実験から得たデータ、つまり経験です。科学はそうした経験の積み重ねから結論を導き出します。

ということは、知覚しにくいものやデータを得にくいもの、実験の回数を得られないものについての説明はなかなかできないということになります。

しかしデータがない、認識できないから存在しない、と結論づけるのはまちがっています。

先ほどの少女のように、死後は存在しないという結論では説明できないことが実際に数多くあるのです。

たとえばつぎのようなことです。

1. 前世（複数）を覚えている人
2. 臨死体験者
3. 幽霊の存在
4. 生まれつき並はずれて特別な才能をもつ人
5. 生まれつき並はずれて偉大な人
6. 人と人の性格の違い
7. すべての宗教が死後の存在や天国、地獄を信じていること
8. 死者の追善のための法要、葬儀、供養、墓参りなどの慣習があること

前世を覚えている人については世界のさまざまな地域で報告されています。傾向としては子供のころには覚えていても、成長すると忘れてしまうケースが多いようですが、実際に調査をしてその記憶が正しいと証明された例は少なくありません。

また臨死体験についても多くの報告があります。とても短い時間ですが医学的、科学的に言う

前世の記憶も、臨死体験も、死後にもつづく何かがなければ説明できません。

報告によると臨死体験者には共通する体験があるようで、それについては第五章で説明します。

「死」を体験し、その後生き返ってくるのです。

幽霊の存在

幽霊にまつわる証言には、幻覚、思い違い、意図的な創造もあると思われますが、すべてが偽りというわけではありません。

生涯で一度も嘘をつくことがなかったシュリー・ラーマクリシュナ*は、ある家の一室で二人の幽霊を見ました。

幽霊は不快なにおいとともにおぞましい姿で現れ、シュリー・ラーマクリシュナに向かってこう言ったのでした。

「どうしてここにいるのですか！　ここから立ち去ってください！　あなたを見るのは耐えがたい……」

彼らはシュリー・ラーマクリシュナの清らかさ、純粋さ、明るさに「痛み」を感じたのでしょう。

シュリー・ラーマクリシュナはその頼みを素直に聞いて、すぐその場から立ち去りました[9]。

また、ヴィヴェーカーナンダも親戚の幽霊を見ました。

シュリー・ラーマクリシュナの直弟子の一人、スワーミー・ブラフマーナンダ*も見ました。

幽霊はいます。見える人も見えない人もいますが、幽霊は存在しています。

なぜ、どのように、についての説明は第五章でします。

ヴィヴェーカーナンダはおもしろいコメントを述べています——幽霊と会う体験は学者がしている学問より価値がある。幽霊に会うことは死後に存続する何かがあると、直接体験することだからだ——もちろんおばけを見なさい、という助言ではありませんが！

生まれつきの才能、生まれつき偉大な人格

生まれつきの才能、という言葉があります。

その人は、親も、先祖も持っていない特別な才能を子供のときから持っています。

教えたこともないのに楽器を持たせたらそれがとても好きになって、みるみる上達する子供。

プロ歌手も顔負けのように歌って踊る子供。

これはスポーツや、ほかの分野でもみかけられることです。

彼らは遺伝、教育、環境といった外的な要因だけでは説明できないほど、一族の中でも突出した技術と感性を持ち、芸術に秀でています。

このようなことについては、もしもその子がすでに何回も生まれ変わっていて、多くの前世で

経験を十分に積んでいるとしたら、説明がつきます。

ところで生まれつきといえば、才能だけではなく、人格についても同様のことが言えます。

生まれつき偉大な人格者はいます。

これは歴史をふり返ればただちに証明されることです。

それを外的な要因だけで説明することはできません。

人と人の性格の違い

外的要因では説明しきれないことはまだあります。

たとえば同じ親や同じ血縁、同じ社会に生まれたのに、人の性格はどうしてこれほどバラエティ豊かなのでしょうか。

同じ親から同じタイミングで生まれる双生児は遺伝子が同じなのに、性格がまったく違った場合はどう説明したらよいのでしょうか。

しかしこれらも前世の経験の影響だと考えれば、適切に説明できるでしょう。

天国地獄の考え、お葬式の慣習

世界には、多様な民族、多様な文化にまたがり、さまざまな宗教が存在しています。

そして不思議なことに、背景はさまざまであるにもかかわらず、それらすべてが死後の世界はある、天国や地獄はあると考えています。

これはその考えが普遍的であることの証明にはなりませんか？

きっとそれぞれの宗教の始祖たちは同じ体験をしたのです。

そして、そのような知識に導かれたのです。

だとすれば、それは普遍の経験といえるでしょう。

宗教はそれをよりどころとして、死後や天国地獄の考え方を継承してきました。

お葬式もまた、昔から世界の各地でおこなわれてきた普遍的なものです。

お葬式という儀式自体、死者の魂は生きつづけているという考えが前提です。

そうでなければ私たちはお葬式で、だれに向かって手を合わせ、幸福を祈り、供物をささげ、香をたいているのですか？

死者の霊がなければそれらは無駄になります。

社会は無駄なもの、無意味なものはしだいに淘汰していきますが、お葬式という儀式が受けつがれ、慣習となって根づいているということは、「魂はある」という精神を受けついできたことに他ならないのではないでしょうか。

とすれば、亡き人への祈りは絶対に無駄ではありません。

ですから亡き人への祈りはいいかげんにするのではなく、深く、心をこめて祈ってください。

そうすれば結果がかならずあらわれます。

亡き人が新たな人生を得るまでその祈りの影響がつづき、その方に良い結果をかならず与えます。


しかし唯物主義的な考えではこれらの説明は困難です。

第三章　死とはなにか

死の判定

医学では、心臓と肺の停止、呼吸の停止、脳機能の停止、瞳孔がひらく、肉体が冷たくなり硬直する、などといった肉体のようすで死と判定します。細胞は減少しないので死亡直後には皮膚やリンパ、臓器などの移植が可能です。

一方で、外見は医学が判定する死とまったく同じ状況ですが、中身が完全に異なる状態があります。

死んでいるように見えても、内側は完全な生を満喫している状態、最高の喜びと至福に満ちた状態、サマーディです。

とくにニルヴィカルパ・サマーディといわれる最高段階のサマーディは、生理学的、臨床医学的に死と診断されるのとまったく同じ状態で、医師には生死の区別がつきません。

このようなサマーディを経験する人は非常に少数ですが、実際にいます。

それは目撃され、記録されています。

サマーディ

これはシュリー・ラーマクリシュナがコシポル・ガーデンハウスで療養していたときのできごとです。

ヴィヴェーカーナンダは出家前にはナレンと呼ばれ、師シュリー・ラーマクリシュナからたいへんかわいがられていた特別な求道者でした。

当時ナレンはサマーディを、それも最高段階のニルヴィカルパ・サマーディを得たい、体験したいと熱望していました。

サマーディは大別すると、ニルヴィカルパ・サマーディとサヴィカルパ・サマーディにわけられます。

ニルヴィカルパ・サマーディは神との完全な合一で、そのときにはこの世界はもちろん、個人の意識は消え、神と完全に融合しています。

サヴィカルパ・サマーディは神とほとんど合一しているものの、二者のあいだにはガラス一枚ほどの障害があり、神や自分という個別の意識がわずかながら存続しています。ガラス越しに見える神と合一したいのですが、ガラスという精妙な境界によって完全には融合していない、そんな状態です。

ニルヴィカルパ・サマーディは最高の喜び、至福、知識の状態で、聖者の中でもそれを体験した人は非常にまれとされています。ナレンはそれをほしがりました。何度も何度も懇願して、シュリー・ラーマクリシュナを困らせていました。

そのときナレンはガーデンハウスの一室でいつものように瞑想していました。すると突然意識を失い、からだが硬直して死体のように冷たくなったのです。

いっしょにいた兄弟弟子のゴパール（のちのスワーミー・アドヴァイターナンダ*）はこれに驚いて、ナレンが死ぬのではないかとあわててシュリー・ラーマクリシュナのもとへ走りました。

ところがシュリー・ラーマクリシュナはとても落ち着いていました。まるで様子を知っていたかのごとく、

「ナレンはさんざんニルヴィカルパ・サマーディをねだって私を困らせてきたのだ。聞かん坊（言うことを聞かない、気性の激しい子）はしばらくそのままにしておきなさい」

と言いました[10]。

「ラーマクリシュナの福音*」を読むとわかるように、シュリー・ラーマクリシュナご自身はひんぱんにニルヴィカルパ・サマーディに入っていました。

神についての話をしたり、聞いたり、うたったりするだけで、すぐニルヴィカルパ・サマーディに没入してしまうのでした。

あるとき医者が、シュリー・ラーマクリシュナのサマーディを調べようとしたことがあります。

目を開けたままサマーディに没入しているとき、眼球をさわって調べたのです。しかしそれは死者の眼球のようにまったく動きませんでした[11]。

ニルヴィカルパ・サマーディは、ふつうのからだではとても体験することなどできません。熟達したヨーギーの細胞、神経、感覚、心、知性などがふつうの人のそれとはまったく異なるように、厳しい修行と実践を積んで肉体も神経も心も純粋となり、特別なものとなった人だけがそれに耐え得るのです。

ふつうはその霊的経験に少しふれただけで、肉体がなくなってしまうか、神経がおかしくなってしまいます。

物質にはかならず終わりがある

それではヴェーダーンタは、医学や科学が死と断定するものをどうとらえているのでしょうか。まず、肉体は物質だという点では、医学と同じです。燃やされて灰となればふたたび元の形にもどることはないと考えています。

また、物質は「はじまりがあって、終わりがあるもの」と理解していることから、肉体にも誕生というはじまりと死という終わりがある、つまり死の到来は当然であり必然だと考えています。

唯物的に考えれば、ここまでで終わりです。肉体が終わるとともに、人の存在のすべてが終わります。

しかしヴェーダーンタはそれで終わりではありません。

肉体が人の存在のすべてであると、考えてはいないからです。

人の存在には肉体以外の部分があり、むしろその部分のほうが重要で、その部分が肉体的な死のあとにも生きつづけるとしています。

これについては次章以降でくわしく説明することとします。

老いた肉体では自己成長できない

ところでヴェーダーンタは、死を物質の当然の帰結とみなすとともに、それ以上の意味合いを見つけています。

それは、肉体を終わらせる必要があるから私たちは死ぬのだ、というものです。

肉体は物質だから変化は当然です。劣化するし、衰えますし、病気もします。

しかしそのような状態となっては、自己成長という人生の真の目的を果たすことができないではないか、と言うのです。

実は個人が意識しているしていないにかかわらず、自己成長はすべての人の目標です。

それは最終的には最高の幸せにたどり着くことであり、それが悟りと言われるものです。

そしてその学びは学問という机の上ではなく、人生の上でなされます。その学びと実践をするときに使う大事な道具である肉体が、古び、衰えてきたとしたら、知性や記憶力、精神力、エネルギーが衰えてきているとしたら、果たして自己成長と悟りの実現は可能でしょうか？

肉体は衣服とおなじ

今生で悟りはかないませんでした。

だから古い肉体を捨て、新しい肉体に入ります。

新たな肉体を得て、フレッシュなエネルギーと知性とやる気と自信を得て、新たな人生で経験を積み、悟りへとまた一歩近づきます。

バガヴァッド・ギーターはこのように言っています。

古くなった衣服を脱ぎ捨て新しい別の衣服に着がえるように

魂も、使い古した肉体を捨て去り新しい肉体をまとうのだ〔12〕。

ギーターのこの説明はほんとうに道理に合っています。

破れたりほつれたり色あせた服は、もう着たくないでしょう？

そうなったらゴミに捨て、新しい服を着ます。

新しい服の着心地はどうですか？　嬉しい、気持ちがいい、楽しい、ワクワクした気持ちになりませんか？

肉体も同じです。

古い肉体は捨て、新しい肉体をまとうかのように生まれ変わり、目的に向かって自己成長しつづけます。

死は一つのピリオドにすぎない

たいていの人は死を避けたいと思っています。

死がすべての終わりかもしれないと心のどこかで思っているからです。

でも死とは衣服を着替えるのと同じ、それだけのことであるとわかれば、死を肯定的に受けとめられるのではありませんか？

私たちは「人生」（複数）という大きな本を生きています。

今生とは、その大きな本のたった一つの章です。

死はその章の一つのピリオドに過ぎず、すぐにつぎの章ははじまり、本はまだまだつづきます。

私たちは最後の章まで行かなければなりません。

最後の章が、悟り*であり解脱*です。

そしてやがてはすべての人がそこまで行くのです。

そのことを考えれば、死はまったく否定的なものではありません。

死ぬのが恐いと思ったら新たな服をまとうことを思い出し、「私は死を歓迎します。避けたり逃げたりしません」と考えてみてください。

悟りは神様が決めた法則

やがてかならずすべての人が悟ります。

それが人生の目的だからということだけではなく、すべての人が解脱することになっているのです。

なぜなら悟りは神様（創造者）が決めた法則（a law of God）だからです。

望む望まぬに関係なく、やがてすべての人が解脱すると決められています。

たとえ今生で人生の目的や悟りに興味を見いだせなくても、生まれ変わりをくり返すうちにやる気がおこり、やがて解脱しようと努力しはじめます。そして最終的には悟るのです。悟らなければいけないことになっています。

ですが想像してみてください。悟りを得るまでに、私たちはいったい何回生まれ変わらなければならないでしょうか！

何度も死んで、何度も苦しみ悲しみに満ちたこの世界に生まれてこなければならないのです。

生まれ変わりをくり返し、何度もこの世にもどってくること（輪廻転生*）がすべての苦しみ悲しみの原因だとヴェーダーンタは考えています。

インドの聖典にもとづく五つの前提

ヴェーダーンタは苦しみ悲しみの原因、輪廻転生をとめる必要を説いています。聖典にはそれをとめる方法がしるされています。

詳しくは第九章で説明しますが、それは誰でもおこなうことのできる明快な方法で、それによってすべての苦しみ悲しみは消滅し、と同時に悟りを得ることができるとされています。

この本ではヴェーダーンタの聖典にもとづき、つぎの五つの前提にしたがって話を進めていきます。

1. 輪廻転生はある
2. それは「カルマの法則」と深い関係がある

3. すべての恐怖、苦しみ、悲しみの原因は輪廻（何回も生まれ変わること）にある
4. 輪廻はとめることができる
5. 輪廻をとめる方法はある

第四章　三つのからだと魂

「存在」の成り立ちを学ぶ

前述したように、ヴェーダーンタは肉体が人の存在のすべてとは考えていません。人の存在とはもっと複雑で、もっと深遠で、多重構造的だととらえています。肉体だけでは終わらない、存在の別の形があり、それらが関連しながらひとつの存在を形成しているとするのです。

ところで「存在」とは何でしょうか。

それを確信を持って定義することはできますか？

「人」とは何か。「人の存在」とは何か。それはどのように成り立っているのか。それは肉体なのか、心なのか、記憶なのか、エネルギーなのか、それともそれらが合わさったものなのか。存在の中核は何か。どういう仕組みで生きているのか。どういう仕組みで死ぬのか……。

自分について知ろうというのは実に難しいことです。

しかし何かが死に、何かが死なずに残るなら、まずはその「何か」から知らなければなりません。つまり自分という「存在」の、成り立ちや仕組みを知らなければ、けんとうもつかないということになります。

まずは「存在」の成り立ちから学んでいきましょう。

ヴェーダーンタではそれをどのように定義し、説明しているのでしょうか。

三つのからだ

ヴェーダーンタは人の存在を簡潔に、粗大（gross）、精妙（subtle）、原因（causal）という三つのカテゴリーにわけました。

1. 粗大なからだ（ストゥーラ・シャリーラ）＝肉体
2. 精妙なからだ（スークシュマ・シャリーラ）＝生命エネルギー＋感覚＋心＋知性＋記憶
3. 原因のからだ（カーラナ・シャリーラ）＝自我＝「私」「私は」という意識

「シャリーラ」とはサンスクリット語で「からだ」のこと、「粗大」は粗い、大きい、「精妙」はきわめて細かい、繊細な、という意味です。

粗大なものは視覚や触覚や聴覚を使って、見たり触れたり聞いたりできますが、精妙なものになればなるほど知覚・認識ができにくくなります。

三つのからだの中では原因のからだがもっとも精妙です。

粗大なからだ

「粗大なからだ」とは肉体のことです。

たとえば皮膚、肉、脂、血、骨、臓器、神経などで、それらは食物として摂取された物質からできているので「アンナマヤ・コシャ*」（食物でできたさや）とも言われます。

これはさまざまな物質からつくられた合成物であり、死ぬと分解されます。

精妙なからだ

粗大なからだの内側にさらに二つほど、からだがあります。

そのひとつ、「精妙なからだ」は粗大なからだに直接はたらきかけるつぎの五つのものから成り立っています。

1．生命エネルギー

生命活動をおこなう根源的なエネルギーで、サンスクリット語でプラーナとも言います。

それがなければなにもできない、そのエネルギーで、それによって私たちの手足が動き（働き）、血液が流れ、呼吸をし、感じ、考えるなど、生命活動のすべてをおこなわせているエネルギーです。

このエネルギーが粗大なからだから去ったとき、粗大なからだは死にます。

2．感覚

感覚は、五つの認識器官と五つの行動器官から成り立っており、それぞれの器官が肉体と結びつくことで認識できたり、行動がなされたりします。

以下の説明では身体器官で表記していますが、それらはあくまで精妙なからだに内在する能力です。

①　認識の器官（ギャーネンドリヤ*）

・目＝見る
・耳＝聞く
・鼻＝におう
・舌＝味わう
・皮膚＝触れる

②　行動の器官（カルメンドリヤ*）

・声＝話す、歌う、叫ぶ、唱える、など
・手＝さわる、つかむ、投げる、取る、など
・足＝歩く、走る、ける、はねる、など
・生殖器官＝生殖行動

・排泄器官＝排泄行動

3．心

心は「考え」「想像」「感情」の場所です。
心の存在に疑いを持つ人はいません。
理由は知らなくてもそれがあることはみな知っています。

4．知性

知性は心で考えたことを「分析」「判断」「決定」します。

5．記憶

今生と、すべての前世における名前、形、知識、経験などの記憶全部が精妙なからだに記憶され、貯蔵されています。

原因のからだ

「原因のからだ」は「私」「私の」という自我意識のからだで、ほかの二つのからだの基礎となっています。

原因のからだ（自我意識）がなければ、粗大なからだを「自分の身体」と認識することもできませんし、心が考えるとき、「これは私の考えです」と意識することもできません。

「自分」という存在のみなもとであり、その原因となっているからだなのです。

自我は、つぎのようにさまざまなものと結びつき、そのことによって「私」意識を持つことができます。

・自我＋知性＝私はわかります、私は分析します、……
・自我＋心＝私は考えます、私は愛します、……
・自我＋感覚＝私は見ます、私は行きます、……
・自我＋生命エネルギー＝私は強い、私は弱い、……

私たちが個人としての意識をごく自然のうちに持つのは、こうして原因のからだが存在するからです。

また人間的な活動の基礎は「私」という自我意識にあり、願望や欲求はそこから芽生えます。

ですが個人としての意識をもつということは、個別の意識、つまり自分と他人のあいだに境線をひく意識にもつながっていきます。

人生において、自我意識を非利己的（私を他人に融合する）に活用するか、利己的（私と他人を区別する）に利用するか、注意深い熟慮が必要です。

なぜなら自我意識はとても精妙です。

とても精妙ですから注意深く見ていないと自我意識がどのように使われているのか、自分のことなのにわからなくなることがよく起こるからです。

魂

そして三つのからだのさらなる内側に、存在の核といえる「魂」があります。

魂が存在の基礎であり、三つのからだすべての基礎、すべてをささえているものです。

バガヴァッド・ギーターは、「永遠の存在がある。それは私たちの内にある。それが『魂』である」と明かしています。

それは永遠で不変の実在（reality）です。


私も君も、ここにいるすべての王たちも、かつて存在しなかったことはないし、将来存在しなくなることもない。実ははじめも終わりもなく、永遠に存在しつづけるのだ[13]。

しかし魂を理解することほど困難なものはありません。

なぜならそれは、もっとも精妙なものよりも精妙なうえ、本来永遠無限なものである魂は、言葉や思考といった有限の手段を使って表現も説明もできないからです。

それでも、有限の世界にいる私たちのために、聖典はその特徴をこのように教えてくれます。

・永遠（immortality）
・無限（infinite）
・遍在（omnipresence）
・全知（omniscient）
・全能（omnipotent）
・不変（imperishable）
・純粋（pure, unmixed）
・魂の本性は意識（consciousness）である

ところで哲学においては、魂はほかの言葉で言い表されることがあります。

霊、真我、内なる自己、純粋な意識、アートマン*、ブラフマン*などで、これらは言葉が異なってもすべて同じ意味です。

特に最後の二つはヴェーダーンタ哲学の言葉で、アートマンは個人レベルでの魂、ブラフマンは偉大なレベル（神のレベル）での魂を意味します。

ポットの水も、大海の水も、同じH_2Oであることに変わりないように、レベルは異なりますが

アートマンもブラフマンも、魂という本性は同じです。

魂と三つのからだの違い

科学の分野では人の存在についての研究は、脳、心、意識についてなされています。以前は脳が心や意識を支配していると考えられていましたが、脳を研究しても心の解明につながらないことから、それぞれ別の規律で働く別個のものだとわかりました。いまでは、脳、心、意識、それぞれが人間存在の基本的なものであるという理解に進んでいます。ヴェーダーンタでは、「脳は粗大なからだだが、精妙なからだの『心』でもあり『知性』でもある」と考えています。

そのようなさまざまなアプローチで分析をすすめた結果、ヴェーダーンタは「脳と心は物質であり、意識は非物質である」という結論に達しました。すなわち粗大なからだも精妙なからだも原因のからだも、すべては物質でできており、魂だけが物質ではない、ということです。

では物質と非物質の違いとはなんでしょうか。

ここではそれを理解し、魂を理解する一助にしていきましょう。

1. 物質の特徴

・はじまりがあり、終わりがある
・成長もあり、衰退もある
・変化するものである
・一時的で、有限である
・時間と空間に制限されている（同時刻に別々の場所で存在することはできない、未来や過去にはゆけない、など）
・自分で自分を創ることはできない
・意志はない

2. 非物質の特徴

・はじまりもない、終わりもない
・成長も衰退もない
・不変
・永遠に存在する

・無限
・いつでも、どこにでもある（遍在）
・万有にあまねく充満している（遍満）
・時間と空間に限定されていない
・純粋
・自分で自分を創ることができる（創造者）
・意志がある

物質と非物質（魂）の特徴は正反対だということがわかります。

魂の意識を借りてはたらく

しかしここで疑問が生じます。

「物質に意志はない」というのなら、物質、つまり三つのからだはどうやって働き、どうやって動くというのでしょうか。

答えは、「魂の意識を借りて働く」というものです。

すべてのものは、魂の意識を借りることではじめて働くことができます。

粗大なからだは魂の意識を借りてはじめて動くことができ、心は考え、感覚は感じ、生命エネルギーは活力を与え、知性は分析し、自我には私意識が芽生えるのです。

まるで魂は太陽のよう、存在のほかの部分は月のようです。

月は夜空に美しく輝いていますが、その光は自分の光ではありません。

太陽の光の反射です。

それと同じように、存在のほかの部分は魂という意識の光に照らされることで働き、動いているのです。

すべてを照らす光、それが魂です。

意識の目ざめのレベル

「物質がなぜ働けるのか」という疑問には、「魂は遍在である」という面から説明することもできます。

魂は遍在しています。つまりすべてのものには意識が遍在しているのだから、それらは働いたり動いたりできるのだ、というものです。

ですがまた新たな疑問が生じます。

意識が遍在というならば、石、机、建物などの無生物や、山や海などの自然、太陽というエネルギーのかたまりにも意識があるというのでしょうか。

ヴェーダーンタはこのように説明しています。

1．生きものには魂はある。すなわち意識がある。そしてその意識は目ざめている。目ざめた意識なので、意志もあらわれる（意志がある）。

2．生きもの以外のものにも魂はある。すなわち意識がある。しかしその意識のある部分は眠っている。意識が眠っているので、意志はあらわれない（意志はない）。

山はとても大きいですが、自分では何もできません。どこかに移動したくても動くことはできません。

太陽はさらに大きいですが、やはり自分では何もできません。今日は西からのぼりたくてもそうすることはできません。

山にも太陽にも魂はあるので意識もあるのですが、その意識のある部分は眠っているので意志をあらわすことはないのです。

それにくらべてアリはとても小さいですが、砂糖のひとつぶを運ぶ、運ばないという意志を持っています。道に障害物があればそれをよけるという判断もします。アリの意識のレベルではありますが、アリの意識は目ざめています。

意識の目ざめ――それが生きものの特徴です。

そして生きものの中にも、意識の目ざめにはさまざまなレベルがあるのです。

アリよりもサルが、サルよりも人間の意識がさらに目ざめているということは、簡単に理解できるでしょう。

意識の目ざめは進化の過程です。

無生物のときには眠っている意識が、もしもアリに転生したら、低レベルですが意識が目ざめ、意志があらわれます。

それがもしも人間に転生したら、高いレベルで意識が目ざめ、意志、感情、想像、分析、決定、決断といった高次の意志があらわれます。

意識の目ざめは魂が本性を明かす過程であり、それは悟りへの過程にほかなりません。

そして意識がもっとも目ざめているのが人間です。

人間だけが「私は魂である」と知る悟りに向かって歩を進めることができるのです。

人間としての誕生はいかに特別か！

ジャラール・ウッディーン・ルーミー*というペルシア（現イラン）の詩人はこう言いました。

もともと人間は無であった。
それを神は有に引き出し、
ただの存在の小屋から無機物の小屋に移し、
無機物の小屋から植物へ、
植物から動物へ、
動物から人間へ移してくださった。
人間界の先は天使界、またその先、という具合に続いてゆく[14]。

石から木、木から動物、動物から人間と生まれ変わるにしたがい、意識は高次なものに向かって目ざめてゆきます。

人間の中でも、非道徳的な人、ふつうの人、道徳的な人、賢者、聖者……と意識は目ざめていき、進化してゆくのです。

輪廻転生をくり返すことで私たちは少しずつ進化しつづけます。

それを考えれば人間としての誕生は、いかに特別なことか！

ヒンドゥ教の聖典には、「人間の形で生まれるまでに、八四〇〇万回生まれ変わる」とあります。

八四〇〇万回です！

私たちはそれほどの誕生と死をくり返したのちに、やっと人間として生まれるのです。
人間の命はふつうではありません。
人間としての誕生はとても特別です。
私たちのこの人生はとても貴重です。
ですが、それに気づいている人はほとんどいません。
それが問題です。

第五章　どのように死ぬのか、死後どうなるか

ヴェーダーンタによる死の定義

ヴェーダーンタは「存在とは三つのからだと魂からなるものだ」とし、なかでも「魂だけが永遠にありつづける絶対のものだ」としています。

病いや老いや自然界にあるものによって死ぬのは、粗大なからだだけであり、それ以外のものは肉体が死んでもなくなることはない、としています。

ヴェーダーンタは、死をこのように定義しています。

「死とは、『魂』が『精妙なからだ』と『原因のからだ』を持って『粗大なからだ』から離れることである」

エクトプラズム

では魂が、精妙なからだと原因のからだを持って出て行くとき、それはどのようにして出て行くのでしょうか。

エクトプラズム（ectoplasm）について聞いたことはありますか？

それは煙のような、霧のような、雲のような精妙な物質で、写真に撮ることはできます。

魂が粗大なからだから出て行くとき、精妙なからだと原因のからだはエクトプラズムとなって出て行くのです。

ふつうの人は目、耳、口、鼻などの肉体の穴が通路となってエクトプラズムが出て行きます。

十分な実践を積んで肉体を去るときに悟った場合、また非常にまれですが、生きている間に悟ったジヴァンムクタ*といわれる人は、頭のてっぺんからエクトプラズムが出て行きます。

そこはブラフマーランドラ、つまり「ブラフマンの穴」と言われ、その場所からエクトプラズムが出て行くと、その人とブラフマンは一つになったと考えられています。

解脱（悟り）には段階がありますが、それが一番高い解脱です。

死者のそばで泣いてはいけない

エクトプラズムは死後しばらくは肉体のそばにとどまっています。

自分が死んだのか生きているのか、肉体の中にいるのか外に出たのか、ちょっとわからない、混乱しているような、まどろんでいるような、そんな状態です。

そしてこれはとても大事なことなのですが、まわりにいる人たちは、そのとき泣いてはいけません。

泣くと死者の魂がつぎの場所に行く邪魔をして、また肉体に入りたい、戻りたいと思ってしまうからです。死んだ肉体に戻るのはまったくよくないことです。精妙なからだと原因のからだは粗大なからだから離れたあとも、周囲の波動の影響を受けます。悲しみの影響も受けます。

ですからそのときには泣かず、あとで泣いてください。そのときには神様の名前を唱えて死者をスッキリと送り出してください。

呼吸が不規則になったり心拍数が落ちるなどの死の兆候がみえたら、インドでは、死にゆく人に、神聖なガンジス河（ガンガー）の水を飲ませます。神にささげた供物のお下がりにガンジス河の水を混ぜ、それを食べさせます。そして神様の名前を唱え、神聖な波動をつくり、死者の魂を来世へと送るのです。

人は死んでもすぐには亡くならないと感得しているインドでは、こうして臨終のときを過ごし、死後のさらなる幸せを祈ります。

ですからどうぞこのことを覚えておいてください。

人が死にゆくとき、残された私たちは泣くのをやめたほうがよい。そのときには神様の名前を唱えてください[15]。それが死者の来世にまで良い影響を与えます。

死ぬ直前に来世のイメージがあらわれる

ある聖典では「死ぬ直前に来世のイメージがあらわれる」と言っています。

来生にどう生まれるかのイメージを得てから死ぬ、というのです。

死ぬ直前、心がそれ（来世のイメージ）に集中すると同時に、魂が粗大なからだから離れるとしています。

尺取《しゃくとり》り虫やヒルの歩きかたを知っていますか？

それは胴体の前の部分をしっかりと地面に着地させてから、うしろの部分を前に引き寄せて進みます。

ちょうどそのように、来世のイメージをしっかりと得てから死にますが、そのイメージは薄明かりの中で見るような、ぼんやりとしたものだそうです。

幽霊について

死後、精妙なからだと原因のからだは「幽体」（spirit body）という物質体になります。

幽体でいる期間は人によってさまざまですが、幽霊とは、その期間が長く続いている状態です。

それは執着や未練、心残りがこの世に強く残っているからと考えられます。だからいつまでもこの世の近くでとどまろうとするのでしょう。

しかしそれは最高の苦しみ、最高の悲しみの状態です。

なぜなら欲望がたくさんあっても、それを満たすことができないからです。

欲望は肉体があってはじめて満たすことができます。

しかし肉体がない幽霊は、食べることも、飲むことも、話すこともできないのです。

幽霊は、欲望がたくさんあるにもかかわらずそれを満たすことも捨てることもできず、いつまでも苦しんでいます。本人にもそれがいつ終わるのかはわかりません。

そこであまりの苦しさに、「とても辛いからこの状態を終わらせてほしい」と家族の前にあらわれる幽霊もいます。

では、家族や友人はその人のために何ができるでしょうか。

専用の儀式があります。その儀式をして神に深く祈ることで、幽霊の状態を終わらせてあげることができます。

自殺で亡くなった方に対しても、自然災害で亡くなった方々に対しても同様です。

生きている人たちの深い祈りの影響ははかり知れません。

と同時に私たちがすべきことは、自分が幽霊の状態にならないよう、生きているあいだに、できるだけ道徳的な実践をし無執着に近づくことです。

幽霊も、やがては天国か地獄へ行ってその後生まれ変わりますが、いつ、というのはまったくわかりません。

臨死体験（near death experience）

パラサイコロジー（超心理学）で調査・研究されているものに臨死体験があります。それは死んだとみなされたのちに生き返る体験で、英語で near death experience と言うとおり、死の入り口の体験と言えるでしょう。

死んでいたとみなされる時間はこの世の時間の尺度ではごく短時間ですが、臨死体験者によると、それは遠大な経験のようです。また、ほぼ共通の体験をしているというのも興味深いところです。

——死んだ直後は宙に浮かんで上から肉体をながめています。自分の肉体をながめているうち「自分は死んだ」と認識していきます。心は平安で、周囲で誰が何を言おうとまったく気になりません。

ところで、死んだ自分の肉体を別の自分がながめる、というのは驚くべき体験ではありませんか！　それは「私」と「私のからだ」は別々のものだ、という明確な体験です。聖典の勉強をしても、識別の修行をしても、その直接体験はできません。「私は肉体ではない」とはっきり自覚してこの世に戻ってきたら、新たな人生はより執着の少ない人生になるのではないでしょうか。

――こうして半分眠っているような状態でしばらくは肉体の近くにいます。そのあともまどろみの状態のまま暗いトンネルの中に入って行きます。やがてトンネルの先に光が見え、そこにすでに亡くなった親しい人たちを見ます。それだけではなく、ひとつ、とても明るい存在もそこにいます。

その光かがやく、とても明るい存在を感じて二種類の感情がわきます――とても気持ちよい、あるいは、とても怖い――臨死体験者の感想が至福の体験だったという人と、恐怖の体験だったという人の二つにわかれるのはこれが理由のようです。

その後人生を内省するときを過ごします。私は人生をどのように生きたか。どれくらい勤勉で、どれくらい怠惰だったか。どれくらい善をなし、どれくらい悪をなしたか。どれくらい自分中心で、どれくらい人のために行動したか。どれくらい神様のことを考えたか。これによって人生とは何かを深く理解します。

――そこで臨死体験は終わります。

不意に、やり残した仕事を思い出し、それをしなければならないと思って肉体に戻ってくるそうです。

至福の体験をしたという人は今生に戻ることがとても悲しく、光かがやくあの明るい存在にまた会いたい、と強く思うそうです。

神の化身とのコミュニオン――バララーム・ボシュ

光かがやくとても明るい存在をかいま見た、という臨死体験者の体験は特別な体験です。それはコミュニオン、霊的な交流と言われます。

死ぬとき霊的な存在が迎えに来るのもそのひとつです。

それは死者が霊的に高いレベルであればあるほど、迎えにくる霊的存在のレベルも高くなります。

幽体をつれて行く天使、神様のメッセンジャー、神の化身の形などをとった神様自身が迎えにきて、つぎの場所、場合によっては神様の場所まで導きます。

神の化身との霊的交流は特にまれなことで、それはほんとうに神を愛し、神に愛された特別な者だけにおこることです。バララーム・ボシュ*がそうでした。

バララームはシュリー・ラーマクリシュナの直弟子で、師にとても愛された在家の信者でした。

その方自身、霊的にとてもレベルが高く、出家、在家にかかわらず多くの信者に愛され、尊敬されていました。その方の自宅は長年、シュリー・ラーマクリシュナご自身、そして彼の弟子たちの居間であり宿泊所でした。

そんなバララームが亡くなるときの様子です。

自宅で死のときを迎えようとしていたバララームは、家族に囲まれて息をひきとることを拒みました。その代わり、出家した兄弟弟子たちだけにそばにいてほしいと望んだのです。

望み通り、お坊さんたちが話すシュリー・ラーマクリシュナの神聖な話を聞き、シュリー・ラーマクリシュナの名前を聞き、シュリー・ラーマクリシュナのことだけを思い、神様のことだけに集中してバララームは亡くなりました。

しかし、彼の奥さんは自分の主人をみとることができなくてとても悲しみました。

そのとき、こんなヴィジョンを見たのです。

――空からゆっくりと馬車がおりてきて、自分の家の屋根に着きました。馬車にはシュリー・ラーマクリシュナが乗っていました。シュリー・ラーマクリシュナは馬車からおりたかと思うとバララームが寝ている部屋へ行きました。そしてバララームの手をとって馬車に乗せました。馬車はふたたび上昇し、やがて見えなくなりました――

これを見た奥さんの心は悲しみなど寄せつけないほど高い境地へ舞い上がりました。

これはそれほど強力なヴィジョン、そして正しいヴィジョンでした[16]。

神の化身とのコミュニオン――クスム

スワーミー・スボダーナンダ*もシュリー・ラーマクリシュナの直弟子でした。中でも若かったので、兄弟弟子からは「コカー、コカー」（坊ちゃん、坊ちゃん）と呼ばれ、信者からは「ベビー・マハーラージ」と呼ばれて親しまれ、愛されていました。

スボダーナンダジーがイニシエーション*を与えた信者にクスム（花という意味）という女性がいました。この女性は信仰深く、とても神聖な方でしたが、若いときに亡くなりました。スボダーナンダジーはそれを聞いてとても悲しく思いました。

スボダーナンダジーがベナレス(現ヴァーラーナシー)にいたときのことです。重い病気にかかって、そのときクスムのことが頭に浮かびました。クスムがいてくれたらなあ、そばで世話をしてくれたらなあ、と思い出していました。

すると目の前に突然クスムがあらわれ、スボダーナンダジーをうちわであおぎはじめたのです。クスムは霊的に高いレベルの人です。もちろん幽霊などではありません。

スボダーナンダジーは驚いて、

「あなたは亡くなったと聞きました。なのにどうして今ここで私をうちわであおいでいるのですか？」

とたずねました。

クスムは自分が死んだときのようすを話しはじめました。

「私は病いが重く、とてもたいへんでした。そのときはいつにも増してグル*であるあなたをつねに深く思っていました。すると突然あなたがあらわれて、『クスム、行きましょう』と言ったのです。そして私の手をとりいっしょに歩き出しました。私はちょうどそのときに死んだのです。長いこと、歩いて歩いて、そして見ました。手を引いているのはあなたではなく、シュリー・ラーマクリシュナでいらしたのです。私はそれからずっとシュリー・ラーマクリシュナの場所にいます。ここにきたのもシュリー・ラーマクリシュナが、

『クスム、あなたのグル、コカーがいまとてもからだの具合が悪い。たいへんな状態です。だから行ってあげてください。お世話をしてあげてください』とおっしゃったからなのです」

スボダーナンダジーはクスムとのひとときをすごしたあと、こう言いました。

「クスム、私はもう大丈夫。ありがとう。あなたの場所にもどってください」

クスムはもどってゆきました。

クスムは亡くなったとき、グルの形であらわれたシュリー・ラーマクリシュナという神の化身に導かれてゆきました。

これはいかにクスムが偉大な神の信者だったかを物語っています。

クスムはそれに値するほど神聖で、深く神を愛していた人だったのです。


こんなこともありました。私たちの僧院（ラーマクリシュナ僧院）にとても陽気で快活なお坊さんがいました。重度の病気で入院していましたが、明るさは変わらず、同室の人たちとよくおしゃべりをしていました。

ある夜、唐突に、それぞれのかたに向かって声をかけました。

「ハロー、○○さん、ハロー、○○さん、私は行きます。シュリー・ラーマクリシュナがきました。私は一緒に行きます。バイバイ、さよなら」

そう言って亡くなりました。

生きているあいだのコミュニオン

シュリー・ラーマクリシュナが亡くなったあと、霊的な伴侶であったホーリー・マザー・シュリー・サーラダー・デーヴィー*は泣いていました。するとシュリー・ラーマクリシュナがあらわれ、

「どうして泣いているのですか？　私はこの部屋から別の部屋に行っただけですよ」
と言いました[17]。

シュリー・ラーマクリシュナはほんとうは亡くなっていません。同じ建物の、ある部屋から別の部屋へ移っただけです。

そのように考えると、生きていると死んでいるの境い目はつけられないのかもしれません。

これは生きているあいだに神の化身と霊的交流をした、あるお坊さんの話です。

シュリー・サーラダー・デーヴィーの従者だったその方は、いつもアナーハタ*に聖音オームをきいているレベルの高いお坊さんでした。

ある時期結核にかかり、入院せざるを得ないときがありました。

結核の症状はせきや熱からはじまり、進行すると吐血したり亡くなることもあります。当時は特効薬がなく、伝染病として非常に怖れられていました。

しかしお坊さんのお世話をする人が必要です。ラーマクリシュナ僧院は、ある若い僧にその方のお世話係をたのみました。

そのお坊さんはいつも明るく、陽気で快活で、病院でも同じようにふるまっていましたが、若い僧がせきこむのを聞いた直後から、急に無口でシリアスになってしまいました。何も話さなくなり、笑わなくなり、食べ物も飲み物もほとんどとらなくなりました。自分の中に突然すべてを引っ込めてしまったようでした。

若者のほうは自分の体調の変化を感じても気にせず、愛と尊敬をこめてお世話をつづけました。お坊さんの急激な変化を心配しましたが、若者にはどうすることもできません。

シリアスな状態が数日つづいたあと、お坊さんは何もなかったようにもとの陽気さにもどりました。

結局、お坊さんも、若者も、病気を克服して元気になりました。

元気になったあと、お坊さんはこう打ち明けたそうです。

「あなたが世話係になったときから、私はあなたに自分の病気がうつることを心配していました。結核にかかったら死ぬ可能性もありますし、死ななかったとしても、これからまだ先がある若者の体力や気力を弱めてしまう可能性もあります。だからシュリー・サーラダー・デーヴィーに深く祈ったのです、彼を守ってください、と。

何日か祈っていたらシュリー・サーラダー・デーヴィーが目の前にあらわれて、

『あなたは何でも持っているのですよ。何が欲しいというのですか？』

とおたずねになりました。そこで私は、

『私の世話をしている若者に結核の症状がはじまったようです。そこでどうか彼をお守りください、とあなたに祈っていたのです』

とお願いをしました。彼女は、大丈夫です、とおっしゃって去っていかれました。

だから私は安心してふつうの状態に戻ったのです。

ほどなくあなたの病気も、私の病気も完治しました」

神の化身、シュリー・サーラダー・デーヴィーは願いをかなえただけではなく、お坊さんの前にみずから姿をあらわしました。

高いレベルの神の信者は、生きているあいだにも、神の化身との霊的交流が可能なのです。

霊媒

霊媒も霊的交流のひとつと言えます。

スワーミー・アベダーナンダ*はシュリー・ラーマクリシュナの直弟子で、二〇年ほど滞在していたアメリカでヴェーダーンタを教えました。

霊性が高く、悟った方で、自身の経験と観察から「Life Beyond Death」[18]という本を書きました。

霊媒についてはそこから引用して話を進めていくことにします。

霊媒は英語でMediumといいます。それを「媒体」と訳すことからもわかるように、霊媒者とは死者とコンタクトをとる人のことです。

方法としては夜、いつも同じ時間帯、暗く静かな部屋に霊媒者をふくめて三、四人という少人数で集います。亡くなったある人を霊媒者以外の全員が強力に思い出します。霊媒者は受け身になるために心を闇のように暗くしておきます。そして死者の霊を呼びます。

するとやがて霊媒者の心に死者があらわれます。霊媒者はチョークと石板をもっていて、その人にまつわる質問をされると死者からインスピレーションを得て、そこに答えを書きます。

死者の霊が心から出ていくと、霊媒者は通常の状態にもどります。もどるには少し時間がかかります。

霊媒の結論

アベダーナンダジーによる結論をまとめてみます。

霊媒者のすべてが偽者というわけではありません。死者とほんとうにコンタクトをとれる人もいます。

呼び出された霊は、質問のすべてに答えるわけではなく、意味のない答えをすることもあります。

また答えが一〇〇パーセント正しいわけでもありません。自分にまつわることを質問されても間違った答えをしたり、未来についての質問にも間違う場合があります。

簡単な質問には答えられますが、霊的な質問や複雑な質問には答えられません。

死者がすでに生まれ変わっている場合はコンタクト自体がとれません。

霊媒者のレベルによって呼ばれる霊は異なり、霊媒者のレベルが高ければ、高いレベルの霊を呼び出すことができます。

しかし聖者や悟った人を呼び出すことはできません。イエスやお釈迦様を呼び出してもいらっしゃいません。そうした方たちとコンタクトできるとなったら、瞑想も、純粋になるための実践もいらないということになるでしょう。

霊媒の問題

霊媒についてはいくつかの問題があります。

一つは霊を呼び出したときに、悪い霊もいっしょについてくる可能性があるということです。

幽霊は自分が入る肉体を探しています。生きている人の中に入りたい、どのように入ろうかと狙っています。

この世への執着ややりのこしたことがたくさんあり、それを叶えるために生きているからだが必要なのです。

幽霊の中には波動がとても悪い、邪悪な霊もいます。そして霊媒者だけではなくその場所やその場にいる人にとても悪い影響を与える可能性があります。これはたいへん危険なことです。

また霊媒をすること自体も危険な行為です。

何回も何回も死者とコンタクトをとりつづけていると、霊媒者の心身がおかされるだけでなく、霊媒者は考えることも、肉体を動かすこともできないという物質的な状態になります。

シュリー・ラーマクリシュナの直弟子で、スワーミー・ニランジャナーナンダ*というイーシュワラ・コーティ*のレベルの方がいました。

その方は若いころ霊媒にとても興味があって、場合によっては自分が霊媒者となって、友人たちと死者との交流をしていたのでした。

それを知ったシュリー・ラーマクリシュナはこう言いました。

「ニランジャン、お化けのことを考えておまえがお化けになるのと、神様のことを考えて神様になるのと、どちらがいいかね？」

それ以後、ニランジャンはきっぱり霊媒行為をやめました。

第六章　天国と地獄はあるのか

七つの天国、七つの地獄

幽体でいる期間が終わると、魂と精妙なからだと原因のからだは天国、もしくは地獄へ行きます。ヴェーダーンタは天国が七つ、地獄も七つあると言っています。

天国は下から、ブール、ブヴァ、スワハー、マハー、ジャナ、タパ、サッティヤ、地獄はブールの下から、アタール、ヴィタール、スタール、ラサタール、タラータール、マハータール、パータールというように段階となってつづいています。

段階の違いは、その世界にいる時間の長さ、楽しみ（もしくは苦しみ）の種類と量です。

私たちが生きているこの世も、苦しみもありますが相応の快楽もあるという意味で、一番下の段階ですがブールという天国です。

ところで天国もしくは地獄に行くときには、それまでの幽体とは少し違う幽体に変容します。それまでの幽体では天国の楽しみも、地獄の苦しみも、体験することができないからです。

地域により電圧が異なると専用の器具が必要なように、天国や地獄に合った波長に幽体が変容するのです。

ヤマの役目

日本ではえんま大王としてよく知られているヤマは、神々に与えられた役職のひとつで、死神の任務を負っています。

ヤマは、人が死ぬと、自分の代理人を送ってみずからのもとへ連れてこさせます。

ヤマはすべての人の生前のおこないの善悪を記録した「カルマ*のレコード」（えんま帳）を持っていて、その内容によって天国地獄の判定をします。

簡単に言うと、生前に良いカルマをすればその結果天国へ行き、悪いカルマをすればその結果地獄へ行く、ということですがつぎのような意見もあります。

良い仕事、良いおこないをして良いカルマが大きく、悪いカルマが小さい場合は最初地獄へ行き、短期間そこで過ごしたあと、天国へ行って長い期間を過ごします。

逆に、悪いカルマが大きく良いカルマが小さい場合は、最初天国で短期間過ごし、そのあと地獄で長い期間を過ごします。

こうしたヤマの役目を考えれば、判決を下す審判のイメージの死神というより、死後のコントロールを司る神というほうが適切かもしれません。

実際「ヤマ」という言葉自体「コントロール」という意味で、ヨーガ・スートラの「ヤマ（禁戒）・ニヤマ（勧戒）」や、呼吸の制御を意味する「プラーナーヤーマ」と同じ「ヤマ」です。

ヤマの仕事は天国に行くか、地獄に行くかの審判だけではありません。

どのレベルの天国、どのレベルの地獄に行くか、いつまでそこにいるか、また転生するとき、どこに、なんの形で、どのように生まれるかなど、来世を含めた死後のすべてをコントロールしています。

ヤマは数ある神々の役職のひとつですが、人の運命をコントロールするという役目を考えれば、それはとても地位の高い役職です。

その地位につけるということは、ある人が多大な霊的実践を積み神聖な儀式をとりおこなって神となり、その神の中でも特に、純粋で特別な力を持った方だということを意味しています。

ですが非常に良いカルマの結果でそのポストについても、それは永遠ではありません。カルマの結果を消費したらまた人間に生まれます（第八章参照）。富の神、学問の神、風の神などすべての神々も同様です。

天国の楽しみ

天国はこの世でなしたカルマの結果を経験するところです。

良いカルマをなせばそれだけ素晴らしい楽しみをたくさん経験できます。

天国の楽しみというと、ふつうはおいしい食べ物やおいしいお酒が尽きることなくあり、娯楽や快楽がたくさんあると想像します。

ですが人によっては芸術が最高の快楽であったり、知的レベルの勉強が最高の快楽であったりします。

そのように天国の楽しみにも段階があって、それは肉体的な快楽からはじまって、粗大な感覚レベルでの快楽、精妙な感覚レベルでの快楽、知的レベルでの快楽、霊的レベルでの快楽と次元が高くなってゆきます。

天国はそうした自分の楽しみの理想が反映された場所です。

また天国では楽しみだけではなく、それを満喫するために必要な力も与えられます。

たとえばごちそうをたらふく食べたくてもそれを消化する力がなければ、ごちそうという楽しみは無駄になります。

ですが天国ではそのような心配はありません。

多大な楽しみもあり、それを満喫できる巨大な力も与えられるからです。

また天国には恐れもありません。

大きな快楽と快楽を楽しめる強力な力があっても、心配や恐怖があったらそれを心から楽しむことはできません。だから恐怖や心配がないのです。

また天国には快楽を得るためにお金は必要ありません。

病気はありません。

老いもありません。

そしてこの「衰えない」ということが、この世との大きな違いです。

この世の人の一生と違って天国では、天国に入る（生まれる）、若い状態で存在する、天国から出る（死ぬ）、という三つの状態だけが存在します。

天国では膨大な楽しみを完全に満喫するため、そこにいるあいだ、ずっと若い状態で存在します。

赤ちゃんや子供、お年寄りの時期はありません。

最上位の天国も永遠ではない

天国は上のレベルになればなるほど、それは素晴らしく楽しい美しい場所ですが、その天国さえも実は無限ではありません。永遠でもありません。

大海原に出たとして、まわりが海だけしか見えないときには「海は無限だ」と思いませんか？

しかし海はほんとうは無限ではありません。

それと同じように、天国の幸せはずっとつづくように思いますがそれは相対的な意味で、私たちが知っているすぐに消えるような幸せに対しての、無限であり、永遠なのです。

天国に行くことを解脱と言うこともあります。

人間の形で生まれることはない、という意味でそれを解脱と言っているのですが、そこで誤解しないでください。人間の形で生まれないのは、今いるその天国界にいるあいだだけです。

天国に行くことを解脱と言うときには、「とりあえずの解脱」の意味です。

その天国界で過ごす期間が終われば、すなわち天国で過ごすというカルマの結果の経験が尽きれば（第七章参照）、また人間の形で生まれます。

最上位の天国の上が、ブラフマンです。

ブラフマンまで行くと、永遠の平安、永遠の至福、絶対の知識を得ることができます。

それがほんとうの解脱です。そして悟りです。

聖典に、「天国に行けば永遠の平安を得、ふたたび生まれることはない」と書かれている場合は、それは相対的な意味で言っているのです。

聖典は、私たちを悟りに導くために、天国の紹介をそのようにして、解脱へのやる気を引き出そうとしているのです。

天国と地獄のあと

第二章で述べたように、天国と地獄はどの宗教にもある普遍的な考えですが、キリスト教とイスラーム教は、一度その場所に行ったら永遠にそこにとどまると考えています。

ヒンドゥ教はそれとは異なった考え方です。

たとえば長い休暇をとってどこかへ遊びに行くとします。

お金があるあいだはそこにいてお金を使って楽しみますが、お金が尽きれば遊ぶのはやめて家に帰ります。

それと似たイメージです。

生前の良いおこないの結果、天国へ行き、そこに住んで楽しみを味わいます。

楽しみ尽くして良い行いの結果を経験し尽くせば、天国から出てこの世にまた戻ってくるのです。

ヒンドゥ教の考えは論理的ではありませんか?

ところで聖典は、あまりにもひどい悪行を重ねた人は、つぎの生では人間ではなく、動物や植物の形で生まれてくると言っていますが、ふつうに人生を送っていたらそれはめったにないことです。

たいていは人間に生まれ変わりますが、生まれおちる家庭の環境や貧富、どのような国や地域に生まれるかなど、すべてはヤマがカルマの記録とカルマの法則によってコントロールしています。

天国や地獄はほんとうにあるか

ここで天国や地獄はほんとうにあるのか、という問いに立ち返ります。

これについては、インドの聖典にはさまざまな考えがありますが、私はシュリー・サーラダー・デーヴィーの言葉を借りて説明したいと思います。

もしあなたが「天国や地獄はある、それらは実在している」と考えるなら、天国もあります、地獄もあります。

もしあなたにほんとうの知識があらわれ、「天国もない、地獄もない、魂以外のすべては非実在だ」と知ったら、天国もありません、地獄もありません。

天国がある、地獄があると考えるのはだれでしょう？

天国や地獄に行くのはだれでしょう？

もし、「私」がそこに行くと考えたら、その場合は精妙なからだと原因のからだと魂は、そこへ行きます。そう、シュリー・サーラダー・デーヴィーは言っています。

さて、その「私」とはだれでしょう？

魂はどこにも行かない

ほんとうを言えば、魂はどこへも行きません。

魂は意識です。時間と空間を超越しています。いつでもどこにでもあり、それ自体で完全な存在です。

そのような本性である魂が、どこかに行く必要や、生まれ変わる必要があるでしょうか。

しかし「私」は天国や地獄へ行き、何回も生まれ変わっています。それを経験しています。

「私」とはだれでしょう?

その「私」とは、もちろん魂です。

ですがその「私」は、魂であっても、本性が覆いに隠された魂なのです。

マーヤー*という無知の覆いによって、本性が隠され、自分の本性を見失った魂です。

その魂のことをヴェーダーンタでは「ジヴァートマン*」と言います。

ジヴァートマンは本性を隠され、それを忘れてしまったために、自分（魂）を精妙なからだや原因のからだと同じものだと見なして、彼らが行くところに自分も行くと思いこんでいるのです。

その意味では、この魂での経験は幻覚と言えるでしょう。

ジヴァートマンとシュッダートマン

人の存在の基礎は魂です。すなわち魂の本性が人の本性です。

ですがマーヤーが人の本性を覆い隠して、幻を見せます。
本性は忘却の彼方へゆき、幻が本物のように見えます。
思う世界へ魂は行くのです。
誤解した世界を思えばそこへ行きます。
ジヴァートマンはそうして天国や地獄へと行きます。
しかし誤解がなくなれば幻の世界は消えます。
マーヤーの覆いが誤解と幻を生んでいます。
マーヤーの覆いが消えれば幻も誤解もなくなります。
すると本性があらわれ出ます。
ほんとうの知識があらわれ出ます。
純粋な魂があらわれ出ます。
それがシュッダートマン*、純粋なアートマンと言います。
完全に純粋な意識、完全で絶対な存在です。

知識へ導くマーヤーと無知へ導くマーヤー

私たちのすべきことは、マーヤーの覆いを取りのぞくことです。

その具体的方法のひとつが霊的修行の実践です。

たとえば識別の実践があります。

それは「私は心ではない、感覚ではない、肉体ではない、純粋な意識である」とつねに、実在と非実在を識別する瞑想と熟考です。

すると最終的には「私は純粋な意識である」という理解にたどりつきます。

ヴェーダーンタはマーヤーに二種類あるととらえました。

知識へ導くマーヤーと、無知へ導くマーヤーです。

識別の実践により「私は純粋な意識である」と理解しても、まだそれは、悟りの段階ではありません。

悟りの一歩手前の段階で、とても薄くて精妙ですがマーヤーの覆いがあります。

実に精妙で希薄となった自我意識ですが、それがまだ残っており、それ故に魂はごく自然にそれと自己とを同じものと見なします。

「『私は』純粋な意識である」と考えるのです。

ですが「純粋な意識」や「純粋なアートマン」を理解できても、「『私は』純粋な意識である」という私意識は残っています。

そして私意識はマーヤーを生み出すみなもとです。


しかし悟りへ導くのもマーヤーです。

なぜなら私たちはひとっ飛びに純粋な意識そのものにはなれないからです。

「私」という意識を道具に使って、「『私』は心ではない、『私』は感覚ではない、『私』は肉体ではない……、『私』は純粋な意識である」と理解を少しずつすすめてゆきます。

また、そうしないと、純粋な意識にたどりつくのは難しいのです。

それほど、純粋な意識は、精妙の中のもっとも精妙なもので、認識困難なものだからです。


悟りという、ほんとうの知識へ導くマーヤーはヴィディヤー*・マーヤー*と言い、それはもっとも純粋でサットワ*的なマーヤーです。

一方、無知へ、幻へと導くマーヤーはアヴィディヤー*・マーヤー*と呼ばれています。

悟り

ジヴァートマンは、ヴィディヤー・マーヤーに導かれ、悟りへと歩をすすめます。

そして悟って純粋な意識そのものとなったそのとき、ジヴァートマンはシュッダートマンに変容しています。

そのときにはヴィディヤー・マーヤーもアヴィディヤー・マーヤーもなくシュッダートマン、ジヴァートマンとわける必要もなく、天国、地獄、原因のからだ、精妙なからだ、前世、来世という考えも、何もかもすべてなくなります。

純粋なアートマン、純粋な意識、すなわちブラフマンだけがあります。

生きている。死んでゆく。話している。聞いている。考えている。識別している。

すべてはジヴァートマンでいるあいだだけのものです。ジヴァートマンでなくなれば、本性があらわれ出ます。

純粋な意識があらわれ出ます。

すべてが消え去り、ほかには何もありません。

それだけで完全、それだけで満足、それだけですべての知識が網羅され、それだけで永遠に幸せです。

それが私たちの本質です。

それが悟りです。

第七章　カルマとサムスカーラ

カルマとサムスカーラ

カルマとは「行為」という意味ですが、その範ちゅうは肉体による行為にとどまりません。口から出た言葉や、心でなされた思い・考えまでもをカルマと言う場合があります。

もちろん今生での行為も、幾度となく生まれてきている前世や来世での行為もカルマです。「カルマの法則」を考慮するときには、「カルマとその結果」までをふくめてカルマと言うときがありますが、それは次章で説明します。

サムスカーラはとても美しいサンスクリット語ですが、ピタリと合う英語も日本語もないのが残念です。「傾向」と訳したらよいでしょうか。

たとえば同じカルマを何度もします。同じ行為を何度もし、ずっと同じことを考えつづけます。するとその行為や考えの印象はくり返しによってどんどん強められてゆきます。そしてカルマを行った人に、ある一定の傾向を生じさせます。

それがサムスカーラです。

あれをしたい、これはしたくないというのもサムスカーラの影響です。

サムスカーラはカルマを重ねることでいっそう強められ、強められたサムスカーラはつぎのカルマに影響を与えます。

このように、カルマとサムスカーラはとても深い関係にあります。

魂はカルマとサムスカーラも運ぶ

これは「ラーマクリシュナの福音」の中のたとえ話です。

王子様がお相手の子供たちと遊んでいました。すると、とうとつに、「そんな遊びはやめて新しい遊びをしよう。ぼくの背中を洗濯板にして、ビュウビュウ音をさせて布で背中をたたいてください」と言ったのです[19]。

今生《こんじょう》は王子として豪華な宮殿に生まれても、前生での洗濯人としてのサムスカーラはつづいています。サムスカーラはそれほど強力です。

前世のサムスカーラは、今生、来世へとつづくのです。

人が死んでもなくなることなくつづいてゆきます。

なぜなら魂（ジヴァートマン）は粗大なからだを離れるとき、精妙なからだと原因のからだとともに、カルマとサムスカーラも運ぶからです。

カルマとサムスカーラは、精妙なからだと原因のからだから成る幽体の中に入り、それらとともに運ばれてゆきます。

輪廻転生とカルマとサムスカーラ

同じカルマのくり返しが人に一定の傾向を与えるということは、「良いカルマを重ねた人には良い傾向が、悪いカルマを重ねた人には悪い傾向が強まる」ということを意味しています。

前世で快楽にふける生活をしていた人は来世にもその傾向を持ってゆき、来世ではさらに強い快楽を求めてカルマをくり返します。

真理や神について考えていた人は、来世ではその傾向が子供のときから顔を出し、前世よりもっと深くそれについて考えます。バガヴァッド・ギーターはそのような人たちについて、たとえ前世で挫折しても、生まれ変わったときには前世の意識をよみがえらせ、究極の目的に向かってよりいっそう努力しはじめる、と言っています[20]。

イエス・キリストのお父さんはふつうの大工でした。その息子がイエスです。

シュリー・ラーマクリシュナのお父さんはふつうの司祭でした。その息子がシュリー・ラーマクリシュナです。

イエスもシュリー・ラーマクリシュナもふつうの人間ではありません。比類ないほどの高い霊性と人格をもった偉大な方です。この二人の誕生は遺伝子だけで説明することはできません。

イエスもシュリー・ラーマクリシュナも神の化身とされる方で、本来神の化身にはカルマの法則は働かないため、この議論にはあてはまらないかもしれません。

しかし神の化身のレベルまで考えなくても、たとえばアインシュタイン、タゴール、シェイクスピアといった、特別な人格や才能をもった人びとを、遺伝だけで説明することはできません。

サムスカーラが来世を決める

転生によってカルマはくり返され、カルマのくり返しによってサムスカーラは強められます。

このカルマとサムスカーラの関係が、来世に作用します。

それがいつ、どこに、どのような状態で、どのような環境に生まれるかを決めています。

第二章では、生まれながらの才能と人格について一定の説明をしました。それのさらなる論理的説明が、前世でのカルマと、それによって強められたサムスカーラです。

カルマとサムスカーラは輪廻転生に影響を与えます。

しかしだからといって、抵抗することなく転生しつづけることはありません。

良いカルマを重ねれば、良いサムスカーラが強められるのです。

良い来世を期待するなら、どのようなカルマをするかに思慮深くなり、良いカルマを重ねていくことが肝要です。

ところで来世を決める要因にはもうひとつあります。

死ぬ瞬間の思いです。

鹿に生まれ変わったバラタ王

昔インドにバラタという偉大な王様がいました。

そろそろ引退すべき年になったので、王位を息子にゆずり、王宮や権力を捨て森へ隠居して、霊的実践をはじめました。食べものは木の実や雑草で満足し、自分でたてた小さな小屋で、つねに自己の本性《ほんしょう》を瞑想する日々を過ごしていました。

ある日バラタは、川で流されそうになっている鹿の赤ちゃんを、偶然目にしました。

バラタは子鹿を川から救い、小屋につれかえって火であたためてやり、さまざまな世話をしました。鹿の赤ちゃんはバラタのおかげで命拾いし、バラタはその後も、やわらかい草を与えたり何かと世話を焼いて子鹿を育てました。子鹿は美しい立派な鹿に成長しました。

バラタは真剣な霊的修行によって、地位や権力や家族への執着から離れたはずでしたが、いまではこの鹿に執着するようになりました。かわいがればかわいがるほど鹿のことばかり考えてしまい、内なる自己を瞑想することはめっきり減ってしまいました。草を食べに出た鹿の帰りが遅いと身を案じて、心が落ち着かなくなるのでした。

何年かして、バラタにも死のときがやってきました。そしてバラタは死の瞬間にも内なる自己ではなく、鹿のことを考えその顔を見ながら死んだのです。このことの結果、つぎの生でバラタは鹿となって生まれました。

しかし前世でおこなった霊的修行というカルマの結果は、鹿という姿での人生において、実を結びました。

その鹿は、前世の記憶をもって生まれた特別な鹿だったのです。ですから前世と同じまちがいを二度としないよう、執着ということに、とても気をつけて生きました。そして鹿の姿でもできる、可能なかぎりの実践をおこないました。

その結果、つぎの生では偉大な聖者として生まれたのでした。

死ぬ瞬間の思いが来世を決める

バラタは鹿に執着し、鹿を思いながら死に、鹿に転生しました。

これは戒《いまし》めの話でもあります。

もしも来生で解脱したいなら無執着の実践が必要です。解脱まで考えなくても、より良い命で生まれたいのなら、執着しすぎないよう気をつけなければなりません。

バガヴァッド・ギーターでシュリー・クリシュナはこのように言っています。

誰であろうと、肉体を離れる時に心で思ったもののところへ必ず行く。なぜなら、死ぬ瞬間に思ったことはいつまでも記憶されるからだ[21]。

死ぬ瞬間の思いはそれほど重大です。それは私たちの来世に大きな影響を与えるからです。しかしふだんでも、サルのように落ち着かない心をコントロールするのはとても難しいことなのに、死ぬ瞬間という非日常の場面でそれができるものでしょうか。病気や事故で痛みに耐えかねているかもしれないし、気をうしなっているかもしれません。それに、もし死の瞬間に心に何かが浮かんだとしても、きっとバラタのように愛着や心残りのある、人やものであることでしょう。

いつも私のことを思いなさい――クリシュナの助言

死の時が来て肉体を離れる際に私を思う人は、誰でもまっすぐに私のもとへとやってくる。これは疑いのない事実である[22]。

ゆえに君はいつも私のことを思いながら戦いなさい。心も頭も私にしっかりと結びつけておきさえすれば、君は疑いなく私のもとへと到達する[23]。

そこでシュリー・クリシュナはこのような実践的な助言を与えました。

これはアルジュナという戦士に向けての言葉ですが、それを私たちに置きかえれば、「いつも私（シュリー・クリシュナ、神、絶対の真理、ブラフマン）を思いながらカルマをしなさい、働きなさい、生活しなさい」、ということになります。

日ごろから神を思い、神を思って行為し、働き、生活する——まさに、カルマから逃れられない私たちにとっての、実践的、合理的な助言です。

日常を実践の舞台とすればよいのです。

それをつづければ、少しずつ、少しずつ、神とつながった状態へと変化してゆくことができます。

そして心がつねに神にあれば、死の瞬間でさえも、心はぶれず、もっとも好ましいものを思っていることができるでしょう。

第八章　カルマの法則と輪廻転生

カルマの法則とは原因と結果の法則

前章で少しふれましたが、カルマの法則を考えるとき、しばしばカルマとは、たんに行為を指すのでなく、行為による結果までふくめる場合があります。

それはカルマの特性によるものです。

ひとたびカルマがなされれば、それはかならず何らかの結果を生みます。

カルマを原因と考えると、カルマの法則は原因と結果の法則と言えるでしょう。

カルマの特性や、カルマとカルマの結果の因果関係について熟考することは、この法則を理解するときのキーポイントです。

カルマとカルマの結果

原因はかならず結果を生じさせる――それが原因と結果の法則です。

その法則は必然であり、その必然には自然界のなにものも抵抗できません。

私たちも、知らず知らずのうちに原因と結果の法則にのっとって生きています。

カルマについて熟考してみれば、ある行為をなしたことである結果が生じ、その結果が原因となってつぎの行為がなされ、その行為をなしたことで別の結果が生じ、その結果がさらなる原因となってつぎの行為がなされる、という、原因と結果が連鎖しながらくり返されているものだとわかります。

生きることはそうした行為の積み重ねです。

もっと厳密に言えば、そうした行為の結果が積み重なったものが人生です。

そして結果は原因に由来しています。

つまり人生で、喜び、楽しみ、苦しみ、悲しみと言われているものはすべて、自分がなした行為の、当然の結果なのです。

「カルマの結果」はサンスクリット語でカルマ・ファラー*と言い、これは「カルマの果実」という意味です。

人生とはまさに、行為というカルマの種をまき、結果という果実を実らせ、結果を経験することでそれを刈り取る、そのくり返しにほかならないのではないでしょうか。

良いカルマには良い結果が、誤ったカルマには悪い結果があらわれる

サムスカーラの説明のときに、良いカルマは人の良い傾向を強め、悪いカルマは人の悪い傾向を強めると述べました。

人はこの世に生まれたら、かならず何らかの願望や欲望を持ちます。持たずには生きることができないからです。

お乳が欲しいと泣く赤ちゃんのように、その願望に善も悪も入らない場合は結果にも善悪の影響はおよびませんが、ふつう、人が抱く願望には善と悪の両方があり、それを満たすための行為も願望に追随したものとなります。

すると良い行為には喜び、楽しみ、快楽といった良い結果が、悪い行為には悲しみ、苦痛といった悪い結果が生じるのです。

甘いお菓子が好きだからと食べつづけているとからだをこわすというように、これは日常をかえりみても理解できることです。

カルマの法則は輪廻転生と深い関係がある

カルマはひとたびなされれば、良かれ悪かれ、遅かれ早かれ、かならず結果があらわれます。ですが結果は今生においてのみあらわれる、というわけでもないのです。

もし今生であらわれなければそれは来世へ持ち越され、私たちはその結果を経験するために、また生まれ変わることが必要となります。

このようにカルマの法則は今生だけではなく、過去と未来のすべての人生において適用されているものです。

カルマの法則は輪廻転生と深い関係があります。

それは人を生まれ変わらせつづけるモーターのようなもので、カルマとカルマの結果の連鎖がとまらないかぎり、モーターはとまりません。

モーターがとまらなければ、輪廻転生も終わりません。

三種類のカルマ

輪廻転生させつづけるこのモーターの仕組みを、ヴェーダーンタはつぎのように説明しています。

この三種類のカルマの考え方は、カルマの法則を理解するうえの大事なポイントです。

1．サンチター・カルマ（sanchita-karma）
前世で積み重ねられたカルマのストック（在庫）。それらはいずれ結果（カルマ・ファラー）としてあらわれるときを待っています。このサンチター・カルマが来世を決めます。

2．プラーラブダ・カルマ（prarabdha-karma）
サンチター・カルマの一部分からできた、すでに決められている今生のカルマ。今生での喜び、楽しみ、苦しみ、悲しみなどの種類や量、いつ、どこに、どのような環境で、どのような状態に生まれ、いつまで生きるかなど、生まれてから死ぬまでのすべてが決められています。

3. クリヤマーナ・カルマ（kriyamana-karma）（アーガーミー・カルマとも言う）

今生になされる新たなカルマ。クリヤマーナ・カルマの結果はその人生での未来か、または来世に持ち越されます。来世に持ち越される場合はサンチター・カルマのストックに加えられます。

サンチター・カルマがあるかぎり輪廻転生はつづく

今生にて結果があらわれないカルマは、サンチター・カルマのストックに加えられ、それによってサンチター・カルマはさらに増えます。

私たちはその在庫を消費しようと生まれ変わるのですが、その人生でも新たなカルマを重ねます。

そしてその人生でなしたカルマの結果があらわれなければ、サンチター・カルマのストックにまた加えられることになるのです。

こうしてサンチター・カルマのストックはなくなることがありません。

輪廻転生が終わらないのはこのシステムによるものです。

今まで飲んだお母さんのミルクをすべて合わせたら海になります。

死んだときに燃やしたからだの灰をすべて合わせたら山になります[24]。


気の遠くなるほどの転生をお釈迦様はそう表現しました。

バガヴァッド・ギーターは、絶対の真理（ブラフマン）と合一するまで、輪廻転生はつづくと言っています。

一回の人生でサンチター・カルマのすべてを消費することは不可能です。

カルマの結果は経験されなければ終わりません。

私たちはまた生まれてこなければなりません。


それは畑の穀物に似ています。

畑に種がまかれ、芽がでて成長し、実となります。熟したら刈り取られ、一部は食物に、一部は保存されてつぎの年に種としてまかれます。

畑の穀物はそのサイクルをくり返しています。

カルマの法則も同じです。

カルマをするのは種まきのようです。そしてカルマの結果という実が熟すのを待ちます。結果が実りそれを経験するのは、熟した実を刈り取って味わうことです。

そのように私たちは生死のサイクルをくり返しています。

でもほとんどの人は、自分たちが穀物の状態であることに気づいてはいません。

気づいたとしてもそれを気にすることはありません。

変化する努力はせず、えんえんと輪廻転生をくり返しています。

カルマの法則は宿命論ではない

ところで私たちの来世が、プラーラブダ・カルマとして誕生前から決められていることに肩を落とす必要はありません。

カルマの法則は宿命論ではないからです。

プラーラブダ・カルマは決定されていても、クリヤマーナ・カルマによって未来はいかようにも変化します。

私たち自身が未来のつくり手なのです。

今生、どのような環境で、どのような精神的・肉体的状況で生まれようと、それは自分がなしたカルマによる結果です。まずそれは理解しなくてはなりません。カルマの法則のこの当然な帰結については、誰をうらむ必要も、感謝する必要もないということです。

と同時に、今生をより良いものにするのはどのようなクリヤマーナ・カルマをするかにかかっています。私たち自身の自由な意志と選択にかかっているのです。

ときにカルマの法則は、結果を経験することで原因となったカルマが精算されることがあります。

病気の発症などのさまざまな苦痛のあらわれは、サンチター・カルマの重い在庫が減ったことを意味する場合があるのです。

欲望があるかぎり輪廻転生はつづく

輪廻転生をくり返す原因にはもうひとつ、欲望（願望もふくむ）があります。

この世に誕生したらかならず欲望がおこります。

欲望がおこるとそれを満足したいと考えます。

考えだけでは満足できないのでカルマをします。

カルマをすると結果が生じます。

その結果が原因となって新たな欲望がおこります。

欲望→カルマ→結果→欲望→カルマ→結果→欲望……と、私たちに欲望がある限り、輪廻転生のサイクルはとまりません。

畑の穀物の種は欲望のようです。

欲望の種が木となりたくさんの実をつけたら、その実を地面に落とし、多くの種がまかれます。

それはひとつの欲望を満たしても、つぎの欲望はいっそう激しくなることを示唆しているようです。

ときどき自分には欲望はないという人がいます。

ですが一見欲望がないようでも、潜在意識の中には精妙な欲望が信じられないほど多くひそんでいます。

静かな場所ではわからなくても、刺激的な場所に行くとどんなに心が落ち着かなくなるか、誘惑に負けやすいか、観察してみるとわかります。

欲望の問題点

欲望が満たされると満足します。しかし満足した時期を過ぎると、得たものがもっとほしくなったり、今度は別のものがほしくなったりしませんか？　過去の欲望がつぎの欲望を刺激し、心はもう落ち着きをなくしています。

さて、この世でいちばん裕福な人、貧乏な人はだれでしょう?

お金があってももっとほしいという人は貧乏です。お金がなくても持てるもので十分な人は裕福です——ほんとうの貧富の尺度とはこういうことを言うのではないでしょうか。

それにバラタ王の話を思い出してください。欲望の対象を得ると、つぎにはその面倒をみなければなりません。

——バラタは鹿の赤ちゃんの世話を一生懸命にしました。そして自分の目的を忘れました。やがては鹿の帰りを心配し、ついには死んでいたらどうしようという恐怖でいっぱいになりました

——

バラタは面倒をみることで鹿への執着を増やしてしまいました。

それだけではなく、心配と恐れも増えてしまいました。

バラタの話はほんとうに深い戒めです。

欲望は生まれ変わりの種であるだけではないのです。

さまざまな苦しみ、悲しみ、恐怖の種となります。

欲望が満たされたときは誰でも幸せです。

ですがそこで識別しなければなりません。その幸せは一時的なものであること、その幸せが減っ

て無くなれば、不安、恐れ、心配があたまをもたげてくることを。

このような問題もあります。

欲望が満たされなかった場合、失望したり、悲しんだり、ときには人を嫉妬したり、うらんだりして苦しむことになります。

また多くを持っている者はそれを失う恐れから、持っていない者はそれを手に入れたくて、非道徳的な方法をつかったり、法を犯すこともあります。

欲望を満足させて得た幸せ

欲望を満たせば満足できますが、しかしその満足がはたして私たちの幸せにつながるのか、それを内省することが必要です。


インドのブリンダーバンはシュリー・クリシュナが誕生した聖地で、そこにシュリー・クリシュナをまつったあるお寺があります。

そのお寺を建てたララバブという信者は、あるとき自分のグルに一〇〇ルピーのお布施をしました。当時は一〇〇ルピーはたいへんな額で、グルはそのお金をもらってとても喜び、どのように使おうかとずっと考えていました。ずっとそのことを考えつづけ、夜は一睡もできませんでした。

つぎの朝、グルはララバブにお布施を返しました。

「私はいままでそれがなかったから安心して寝ていました。でも昨日はまったく眠れませんでした」

マハーバーラタ叙事詩は、欲望は火、満足はギー*だと言っています。

火にギーをそそぐとさらに燃えさかるように、欲望に満足という油をそそぐとさらに欲望は燃えさかります。

バガヴァッド・ギーターはその様子を段階を追って説明しています。

感覚の対象を見、また思うことで、人はそれに対する愛着心が芽生える。またその愛着心によって欲望がおこり、欲望がとげられないと怒りが生じてくる[25]。

その怒りによって迷妄が生じ、迷妄によって記憶が混乱し、記憶の混乱によって知性が失われ、知性が失われると、人はまたもや低い物質次元へとおちてしまう[26]。

欲望を満足させて幸せを得ても、それは安定してつづくほんとうの幸せなのか。

欲望によってカルマを呼び、生まれ変わりつづけることは幸せと言えるのか。

それを内省することが必要です。

自己成長のために生まれ変わらなければならない

輪廻転生に影響するものには、カルマの法則、サムスカーラ、欲望があることを説明してきました。

最後にさらに一つ、とても肯定的な理由を述べましょう。

それは、人は自己成長するために生まれ変わらなければならない、というものです。

私たちの究極の目的は悟りです。

私たちが人間として生まれてきた本質的な理由はそれです。

つまり人間として生まれてきたからには悟らなければならないのです。

しかし一回の人生で実現できるほど悟りは簡単ではありません。

私たちは生まれ変わって人生を得たら、その人生を十分に活用して目的に向かって進むのです。

少しずつでも真理について聞き、学び、知識を増やし、経験を積み、識別し、実践して進んでゆくのです。

自己成長の先に悟りはあります。

ジヴァートマンのあいだ自己成長をつづけ、悟りを得てシュッダートマンとなったときにはカルマは消え、人生は消え、この世は消え、天国も地獄も来世も輪廻転生もなくなるのです。

ムンダカ・ウパニシャドはこのように言っています。

絶対の真理（ブラフマン）を悟ってシュッダートマンとなれば、心の結び目（知識と無知の結び目）が切れ、すべての疑いがなくなる。そしてすべてのカルマとカルマの結果がなくなる[27]。

第九章　輪廻転生をとめる

輪廻をとめたいか、とめなくてもよいか

輪廻転生をとめるには、「欲望をどのように取りのぞくか」と「サンチター・カルマをどのように燃やすか」という二つの焦点があります。

ですがそれについて説明する以前に、「ほんとうに輪廻をとめたいか、とめなくてもよいのか」の議論が必要です。

なぜならほとんどの人は輪廻転生について関心はなく、深く考えることもないからです。

ですからとめたいとも思っていませんし、とまらなくてもオーケーです。えんえんと転生しつづけるだけです。

ではどのような種類の人が、ほんとうに輪廻転生をとめたいと思うのでしょうか。

ムンダカ・ウパニシャドにこんな話があります。

果物の木に二羽の鳥がとまっています。一羽の鳥は木のてっぺんに、もう一羽は木の下のほうで実をついばんでいます。甘い実にあたると大喜びですが、しかしほとんどの実は苦くて、鳥はもう木の実を食べるのはやめようと思いました。でもしばらくたつと、また甘い実を食べたくなりました。苦い経験は忘れてしまったのです。

私たちも甘い実を期待して木の実を食べつづける鳥です。

ときには甘い実を食べて満足し、ときには苦い実を食べて苦しみます。

一見甘い実に見えて苦いものもあります。はじめは甘くてもあとから苦くなるのもあります。

私たちの問題は、苦い実を食べてもそれを忘れてしまうことです。

楽しむ、苦しむ、忘れる……。それのくり返しで未来の甘い実を期待して待つことに時をついやし、今までのやり方を変えようとしません。

困った、困ったと何度言っても変わりません。


木のてっぺんでおだやかにくつろぐもう一羽の鳥は、それを超越したシンボルです。

輪廻転生をとめたいと願う人は、この世の九割が苦しみで、たった一割が楽しみだと知っています。この世の楽しみはすべて苦しみとセットであることにも気づいています。

外見の美しさや、地位や名誉、お金や快適な人間関係はこの世では素晴らしいことかもしれません。しかし永遠な幸せをもたらすものではありません。それらは変化し、終わりがあるものです。

ある日苦しみをもたらすかもしれないものです。

この理解なくして輪廻転生をとめたいと思うことはありません。

そして、それゆえ輪廻転生を止めたい人は、苦しみも、快楽さえも超越したいと望むのです。

九割の苦しみと一割の楽しみのくり返しを超越したい——それが輪廻転生をとめたい理由です。

人生の識別と四苦《しく》

お釈迦様は、「この世は苦しみに満ちている」とおっしゃって、苦しみから抜け出す方法を説法されました。仏教では「生・老・病・死」を苦しみの根本とし、「四苦*」と呼んでいます。

ヒンドゥ教にも同じ考え方があり、バガヴァッド・ギーターは「誕生（ジャンマ）、老（ジャラー）、病（ヴァーディ）、死（ムリッテュ）を苦とみなす」と言っています[28]。

人生をこの四つの観点でながめてみてください。すると苦しみの実態がよくわかります。

インドの聖典は、人生の苦しみは母親のおなかの中にいるときからはじまっていると言います。

胎児は母親から栄養をもらい、すべてが母親にお任せです。なのに子宮は居心地のよい場所でもきれいでもなく、窓も扉もない独房のようで、そのうえそこからは一〇ヵ月も出ることができません。

ですが胎児にも魂がありますから誕生前でも意識があり、苦しいとか不快という感覚はあるのです。そのうえこの世界に誕生するときのたいへんな苦労をみてください！　輪廻転生しつづけるならこの苦しみもくり返されることになります。

そしてやっと無事に生まれてきても、赤ちゃんのうちは何もできず、だれかに面倒をみてもらわないと死んでしまいます。欲求は泣くことで知らせるしかありません。自由はないに等しいです。それは良い状態と言えるでしょうか。

病気は年齢に関係なく発症しますし、老いはかならずやってきます。愛する人が亡くなれば、悲しみ、心配、恐怖、失望、落胆、虚無……というように、人生の最初から最後まで多くの苦痛が待っています。そして最後は死です。死はすべての恐怖のみなもとです。

そのような人は、「もう生まれたくない、もう死にたくない」と思うのです。

それが不死であり、輪廻転生の終わるときです。

もう生まれたくない、もう死にたくない

輪廻転生をくり返しても人がそれを気にしない理由は、ひとつには真理を知らないから、もうひとつには快楽への執着が尽きないからです。

思いだしてください、木の実には苦い実もたくさんあることを。人生は九割の苦しみと一割の楽しみのセットだということを。

それを気にせず輪廻転生のくり返しに身をまかせつづけているのは、霊的な意味においての「死」

(spiritual death) と同じです。

他方、この世の苦しみ悲しみを味わいつくした人、識別しつくした人がいます。

そのような人は、「もう生まれたくない、もう死にたくない」と思います。

不死とはこの人生を永遠に生きることでも、肉体が生きつづけることでもありません。

もう生まれない、もう死なない――これが不死であり、霊的な意味における「生」(spiritual life)、それが輪廻転生の終わるときです。

今生の苦しみはどうするか

ところで今生の苦しみに対してはどうしたらよいでしょう。

今生の苦しみは前世のカルマの結果です。

しかし今さら過去のカルマを変えることも消すこともできません。

そこでどうにかしたいと思って占いに頼ったり、占星術師にみてもらったり、パワー・ストーンを買ったり、スピリチュアル・ヒーラーに相談したりします。

しかしそうしたものは私たちの力を弱めます。自分の力を信用せず、自分の力をなんら発揮することもなく外部の力に頼れば、そうすればするほど、内在する力は弱くなるのです。

それに金銭の問題もおこり得ます。

最善の方法は神様に祈ることです。

なぜなら苦しみも、星の運行さえもすべては神様の意志とコントロールからなっているからです。

そのうえでからだの問題で困っているならば、医学的な知識を持つお医者さんに行ってください。

大きな問題も神様に祈れば、神の恩寵で小さくなります。

「なたの刃ほどの大けがをするカルマが、針で刺された程度で済むのです[29]」——これはシュリー・サーラダー・デーヴィーの言葉です。


さらにもうひとつ。

今から良いカルマをする、という方法があります。カルマの法則をみずからの助けとして使うのです。

良いカルマを重ねれば、良いサムスカーラが強められます。

良いカルマをなせば、良い結果がもたらされます。

逆に悪いカルマは悪い傾向性となり、来世を苦しくしてしまいます。

私たちは未来を変えることができるのです。

今からでも大丈夫です。今からでも良いカルマを増やし、悪いカルマを減らしましょう。

それとともに善と悪の識別力を育て、何が正しく、何が誤った行為なのかを見きわめる知識をつちかいましょう。

カルマとサムスカーラの川に、ただ流されるがごとくカルマをなすのではなく、もっと思慮深くなって立ち止まるゆとりと勇気を持ちましょう。

みずからのカルマを変化させることで、みずからの未来が変わります。

それが自分の力で自分を守り、自分を助けるということです。

自由への欲求

私たちは輪廻転生という鎖でこの世につながれています。

そしてこの世に生まれるたび、家族をつくり、社会をつくり、組織をつくり、ルールをつくります。

それは私たちを守って恩恵をもたらすかのようですが、ときに束縛が感じられ鎖のようで、私たちは不自由で苦しく思います。

なぜなら私たちの存在の根底には「自由」があるからです。

私たちの本性は「自由」だからです。

だから自由に憧れます。

自由を欲求します。

自由を求めるのは自然であり、当然なのです。

アートマンは自由、人生は不自由という矛盾

しかしこの世には多くの束縛があります。

政治的、経済的、社会的な束縛――インドがイギリスに統治されていた時代はインド人に自由はほとんどありませんでした。社会的な差別も特権階級による束縛です――は外的環境の束縛といえます。

さらに個人的レベルでの束縛があり、それはさらに強力です。

ひとつには肉体が大きな束縛となっています。

おなかがすいたら食物をとらなければならないし、のどがかわいたら水を飲まなければなりません。睡眠も排泄も必要です。病気をしたら努力して治さないと働くことができません。

肉体は私たちにどれほど多くの制限と束縛を課しているでしょうか！

ヴィヴェーカーナンダは聖者でしたから魂はとても自由でした。しかし使命を与えられてこの世に来るとき、あえて肉体の中に入りました。そしてその束縛により自由がきかないことに、ときにはたいへんイライラしていたのでした。

個人的レベルでの、もうひとつの束縛は心です。それはさまざまな因子により多くの束縛を生じさせます。

たとえば男性・女性、インド人・日本人などといった種類で区別することによって。または生まれた家柄や身分によって。倫理観や常識、マナーを重んじることによって。恥ずかしいという羞恥心によって。名誉や名声を重んじることによって。憎しみや恐れを持つことによって。秘する（秘密にして明らかにしない）ことによって……。

これらすべてが自由への足かせです。

アートマンは自由、この世で生きることは不自由――それが私たちの最大の矛盾なのです。

輪廻転生をとめるモチベーション

しかし束縛から解放されたいという願いを「逃げる」という意味にとらえたら、それはネガティブに、否定的に聞こえるかもしれません。

ですがそれは、「この世から逃げたい、だったら死んでしまおう」というものとは違います。自殺してこの世から肉体はなくなっても、精妙なからだと原因のからだはつづいています。それらがあるかぎり、苦しみや悲しみはなくなることがないばかりか、さらに増えるのです。

自殺によっても、口だけで束縛から解放されたいと言っても、死後、天国に行くことによっても、輪廻転生をとめることはできません。

絶えず湧きあがってくる自由への強い欲求と、渇望といえるほどの強い憧れがなければそれは不可能です。

口からではなく、腹から、内側から、心の底から「もうこの世界はけっこう！　もう十分です。私は二度とこの世に生まれたくない！」という強い思いがあらわれてこなければ不可能です。

その思いが安定して定着していないと不可能です。

そしてそうなったとき、その欲求は、強力なエンジンを持ったロケット級の力となるのです。

ロケットが月に行くとき、重力から脱出するのに莫大なエネルギーを必要とするように、それほどのエネルギーが輪廻転生から脱出するのにも必要です。

そしてそれを上回るエネルギーが、「解脱を得たい」という強力な願望、強力な憧れです。

至福を得たい。永遠の幸せがほしい。最高の知識がほしい。だから私は解脱したい。

この、解脱したいという強い思いが、輪廻転生をとめる最大のモチベーション（動機）です。


輪廻転生をとめるモチベーションには、「束縛から解放されたい」という否定的アプローチのモチベーションアップと、「解脱したい」という肯定的アプローチのモチベーションがあります。

輪廻転生をとめるには両方のモチベーションが必要です。

輪廻転生をどうとめるか

では輪廻転生は、どのようにとめたらよいのでしょうか。

この章のはじめでふれましたが、輪廻転生をとめるには、「欲望をどのようにとりのぞくか」と「サンチター・カルマをどのように燃やし尽くすか」という二つの大きなチャレンジが必要です。

そのための方法として、ギャーナ・ヨーガの実践、欲望のコントロール、すべての願いを神様に向けるという三つについて考えてみましょう。

識別（ギャーナ・ヨーガ*）の実践

ニッティア　アニッティア　ヴァストゥ　ヴィヴェーカ〔30〕

永遠なもの（ニッティア）と一時的なもの（アニッティア）を識別（ヴィヴェーカ）してください。

永遠なものは、一時的な世界に属するもの（たとえば言葉）では認識できません。

そこで私たちは永遠を知るために、「これは永遠ではない、あれも永遠ではない」という方法で認識しようとします。

それが識別という実践方法です。

それはヴェーダーンタの学びの入り口で、それなくしてヴェーダーンタとは言えません。

まずは自分についての識別からはじめてください——自分のからだについて、自分の名前と形について、自分の家族について、自分が関係するすべてについてです。

からだについて識別すれば、肉体は一時的で有限なものだとわかります。精妙なからだも原因のからだも同様です。

また名前と形も一時的です。来世に名前や形を持ち越すことはできません。

自分の家族も、親戚も、友人も、仕事も、家も、持ち物も、識別すればすべて一時的なものだとわかります。

こうしてつねに識別をすることで、最終的に「私は純粋なアートマンである」と理解します。

そしてその理解が一時的でなく安定したら、そのとき識別は終わります。

と同時に欲望も、サンチター・カルマも燃え尽きてなくなります。

なぜなら識別によって、純粋なアートマン（シュッダートマン）だけになりましたから。

これが悟りの状態です。


ところでサンチター・カルマは燃え尽きても、今生のプラーラブダ・カルマの結果はまだ残っており、それは経験されなければなりません。

ですがそれは、車のブレーキを踏んでもすぐには停止しない惰性(momentum)のようなものです。

最後の生が終わるまで、プラーラブダ・カルマの結果は惰性で経験しつづけますが、そのカルマの結果はとても小さいものです。

欲望のコントロール

しかしつねに識別しつづけることはたいへんな修行です。

そのうえ粗大なからだも精妙なからだもかなり純粋でなければよい結果を得られない識別は、肉体意識が強い私たちには非常に厳しい実践法です。

そうした人たちのために、ほかにどんな方法があるでしょうか。

欲望をコントロールするという実践をしましょう。

第一段階として、欲望がおこったらつぎのような内省をします。

・欲望をコントロールしないと、どのような問題がおこるか
・欲望が多いとどのようなことがたいへんか、なにか苦労はあるか
・この欲望があると別の欲望も刺激されて生じてはこないか
・この欲望が終わっても、また新たな欲望が生じないか

つぎにはそれが正しい欲望か、正しくない欲望か、熟考します。

バガヴァッド・ギーターはこのような示唆を与えています。

はじめは毒薬のように苦しくても、終わりには甘露となるような、真我を悟る清純な知性から生じる喜びは、サットワ的幸福と言われる〔31〕。

はじめは甘露のようであっても、終わりには毒薬となるような、感覚とその対象との接触から生じる喜びは、ラジャス*的幸福と言われる〔32〕。

飲酒はラジャス的幸福の典型です。お酒を飲んだときは気持ちがよくなり幸せな気分になります。しかしだからといって、お酒にふけると最終的には肉体、精神、人間関係、金銭的な問題が発生します。

サットワ的幸福のしるしは、はじめはとても大変なことです。たとえば瞑想ですが、毎日毎日規則的に一定時間を瞑想するのは、なかなかむずかしく、おもしろくないかもしれません。

ですがそこで、ギーターの助言を思い出してつづけてください。そして瞑想は正しい願いか、正しくない願いか、吟味してください。――瞑想は、最終的には素晴らしい結果を与えます。瞑想を習慣としてつづけることで、心は落ち着き、穏やかになり、清浄で軽やかになり、前向きで快活になります。心と身体が安定し、寛容さが増し、慈悲、愛、忍耐、正しい選択、適切な判断、不屈の精神などのサットワの質で満たされるようになります――

正しい欲望か、正しくない欲望か。さまざまな状況下での選択に注意深くなってください。「飲むか、飲まないか」、「食べるか、食べないか」、「見るか、見ないか」など肉体の健康、心の健康、霊性の健康のために、正しい欲望か、正しくない欲望かについて考え、選んでください。それも識別です。

その識別力を身につけて、正しい欲望（サットワ的願い）を増やし、正しくない欲望（ラジャス的、タマス*的願い）を減らしていきましょう。

サットワ的願いには、いつも正直であることを実践したい、清らかになりたい、純粋になりたい、普遍的な愛の実践をしたい、他人を手伝いたい、怒りをコントロールしたい、強欲をコントロールしたい、肉欲をコントロールしたい、などがあります。

すべての願いを神様に向ける

そして輪廻転生をとめるもっとも肯定的な方法が God centric desire——すべての願いを神様に向ける、というものです。

美しいものを見たかったら、神様を見たいと願います。なぜなら神様ほど美しいものはありませんから！

喜びたいと思ったら、神様の喜びを欲します。なぜなら神様ほどの至福はほかにありませんから！

おもしろいものを聞きたくなったら、神様のことを聞きたいと願います。なぜなら神様ほどおもしろいものはありませんから！

だれかに会いたくなったら、神様に会いたいと願います。なぜなら神様ほどに素晴らしい方はほかにいらっしゃいませんから！

美しい景色を見たくなったら、神様の場所に行きたいと願います。なぜなら神様の場所ほど美しいところはありませんから！

仕事で成功したいと思ったら、神様を喜ばせるために仕事をします。なぜなら神様を喜ばせるほど偉大な仕事はありませんから！

家族の世話をすることになったら、神様をお世話するように世話をします。なぜなら神様のお世話ほど偉大な奉仕はありませんから！

そのように、見る、聞く、読む、考える、働く——すべてに関連する、すべての願いを神様中心にするのです。

神様中心の生活をおくると、欲望は純粋化し、神聖になります。

他方、欲望や願望を世俗的な世間のやりかたで満足させようとすると、カルマの法則の作用でいつまでも輪廻転生しつづけます。

ですが、神聖な欲望、神聖な願いに、カルマの法則が働くことはないのです。

願望が神聖となったあかつきには、束縛は断ち切られ、輪廻転生はストップされます。

欲望を神聖化する

人間には生得の欲望――欲求と言ったほうがしっくりくるかもしれません――が四つあります。それは、永遠になりたい、愛したい・愛されたい、知りたい、楽しみたい、というものです。

人は死ぬにもかかわらず、知らず知らずのうちに不死を求めています。

人が愛することなく、人から愛されることもなく生きてゆくのはたいへん辛いことです。

人はこの世のすべてのことを知りたいと欲します。

人は楽しみがなければ生きてゆけません。一〇パーセントの楽しみがあるから、九〇パーセントの苦しみ悲しみを乗り越え生きてゆけるのです。


「永遠」、「愛」、「全知」、「至福」は生まれながらの欲求です。

なぜなら、それらはすべてアートマンの本性だからです。

私たち魂の本性なので、おのずとそれを欲求するのです。

それらをすべて、神様に向けてください。

永遠になりたいなら、神様と合一しましょう。すると永遠そのものとなります。

愛したい、愛されたいなら、神様を愛し、神様に愛されましょう。それが最高の愛です。無償の愛です。永遠な愛です。

知りたいならば、神様を知りましょう。神様は全知です。それを知ったら全知になります。

楽しみたいならば、神様とつながりましょう。それが最高の幸せ、至福です。


はじめは欲望があってもかまいません。

少しずつ、欲望を神聖化させる実践をつづけてください。

それによって、輪廻転生はとまります。

サンチター・カルマ（前世で積み重ねられたカルマのストック）も、神の恩寵で燃やすことができます。

それだけではなく絶対の真理を悟ります。

カルマの結果はすべてなくなります。

永遠を得られます。

至福を得られます。

完全な知識を得られます。
ほんとうの自由を得られます。
不死を得ます。

不死となる

ウパニシャドの二羽の鳥の話にはつづきがあります。

――一羽の鳥は木の下のほうで実をついばんでいました。食べてみるとほとんどが苦い実でしたが、実をついばむことに懸命でした。ふと上を見あげると、木のてっぺんにもう一羽の鳥がいました。その鳥は木の実に関心をはらうことなく、ただ満ち足りて、永遠の澄み渡った喜びの中に存在しているようでした。下の鳥は思わず、ピョン、ピョン、ピョン、と上のほうに飛び移っていきました。ついに至福の鳥のすぐ近くまできたとき、そのとき鳥は悟ったのです。鳥は一羽しかいなかったのだと。至福の鳥は自分自身だったのだと。下の方で実をついばむことに一生懸命だったのは、あれは幻だったのだと。

輪廻転生は、甘い実と苦い実を人生に混ぜて私たちに差し出し、それに夢中にさせては転生させつづけます。

私たちの魂は強く物質と結びつけられて、それによって無知が生じ、幻を本物だと思い込んでいます。

そうやって苦しみと悲しみという輪廻転生の海に放り込まれつづけているのです。

ですが私たちはそれから解放されたいと望みます。

輪廻転生はとめられなければなりません。

解脱に向かって進まなければなりません。

解脱とはすべての苦しみ悲しみからの解放です。

しかしそれで十分でしょうか、とヴェーダーンタは問います。

すべての苦しみ悲しみから解放されれば、私たちはみずからの本性をあらわすことができるのだろうかと問うのです。

みずからの本性、それは魂の本性であり、サチダーナンダ*――サット*（完全な存在）、チット*（完全な意識）、アーナンダ*（完全な至福）です。

腹痛にさいなまれた人が、薬をのんでいやされたからといって、安堵はしますが、同時に、楽しみや喜びの経験をするでしょうか。

ヴェーダーンタは、私たちの本性とは、苦しみ悲しみからの解放で得られる以上のものなのだと言っているのです。

解脱とは、悟るとは、すべての苦しみ悲しみからの解放だけにとどまらない。それよりもっと素晴らしい経験がある。それはみずからの本性をあらわすことだ。みずからの本性である永遠の至福、完全な意識をあらわしなさい――これがウパニシャド聖典、ヴェーダーンタ哲学の最たる特徴です。

それが悟りの結果です。

解脱の結果です。

本性そのものがあらわになった状態――それは神と同じ本性です。

木のてっぺんでくつろぐ鳥は、苦しみや楽しみ、愛と憎しみといった二つの極に分けられるような二元性の世界には、もはや住んでいません。

それらの束縛から解放されただけではなく、それらを超越し、絶えず澄みきった至福のうちにやすらいでいます。

サチダーナンダというみずからの本性のままで、完全に幸せなのです。

それが悟りです。

それが解脱です。

それが至福です。

それが自由です。

それが永遠です。

それが完全です。

それが完全な知識です。

それが完全な意識です。

私たちは生死という輪廻に巻き込まれるような小さき存在ではない。

生まれも、死にもしない、壊れも、傷つきもしない、完全な満足、永遠の至福——不死そのものであったのです。

至福の鳥は私たち自身です。

日本ヴェーダーンタ協会 刊行物

https://vedantajp.com/ショップ/

書　籍

輪廻転生とカルマの法則［改訂版］　価格1000円（B6判、188頁）日本語が原作となる初の本。生や死、活動、インド哲学が説く解脱等、人生の重要な問題を扱っています。人生の問題に真剣に答えを求めている人々に役立ちます。

ラーマクリシュナの福音 価格5000円（A5判、上製、1324頁）近代インド最大の聖者ラーマクリシュナの言葉を直に読むことができる待望の書。改訂版として再販。

瞑想と霊性の生活1　価格1000円（B6判、232頁）スワーミー・ヤティシュワラーナンダ。灯台の光のように霊性の旅路を照らし続け、誠実な魂たちに霊的知識を伝える重要な概念書の第1巻。

瞑想と霊性の生活2　価格1000円（B6、240頁）灯台の光のように霊性の旅路を照らし続け、誠実な魂たちに霊的知識を伝える重要な概念書の第2巻。

瞑想と霊性の生活3　価格1000円（B6判、226頁）本書は実践上のヒントに富んだ、霊性の生活のすばらしい手引書であり、日本語版最終巻であるこの第3巻には、原書の残りの章のうち重要なもののほとんどが収録されています。

永遠の伴侶［改訂版］価格1300円(B6判、332頁)至高の世界に生き続けた霊性の人、スワーミー・ブラフマーナンダジーの伝記、語録と追憶記も含む。

秘められたインド［改訂版］　価格1400円（B6、442頁）哲学者P・ブラントンが真のヨーギーを求めてインドを遍歴し、沈黙の聖者ラーマナ・マハリシに会う。

ウパニシャド［改訂版］価格1500円（B6、276頁）ヒンドゥ教の最も古く重要な聖典です。ヴェーダーンタ哲学はウパニシャドに基づいています。

ナーラダ・バクティ・スートラ　価格800円（B6、184頁）聖者ナーラダによる信仰の道の格言集。著名な出家僧による注釈入り。

ヴィヴェーカーナンダの物語［改訂版］価格900円（B6判、132頁）スワーミー・ヴィヴェーカーナンダの生涯における注目すべきできごとと彼の言葉。

最高の愛 価格900円（B6判、140頁）スワーミー・ヴィヴェーカーナンダによる信仰（純粋な愛）の道に関する深い洞察と実践の書。

調和の預言者 価格1000円（B6判、180頁）スワーミー・テジャサーナンダ著。スワーミー・ヴィヴェーカーナンダの生涯の他にメッセージ等を含む。

立ち上がれ 目覚めよ 価格500円（文庫版、76頁）スワーミー・ヴィヴェーカーナンダのメッセージをコンパクトにまとめた。

100のQ&A 価格900円(B6判、100頁）人間関係、心の平安、霊的な生活とヒンドゥー教について質疑応答集。スワーミー・メーダサーナンダ著。

永遠の物語 価格1000円(B6判、124頁）（バイリンガル本）心の糧になるさまざまな短篇集。

ラーマクリシュナの福音要約版 上巻　価格1000円（文庫判、304頁）「ラーマクリシュナの福音」の全訳からの主要部分をまとめた要約版上巻。

ラーマクリシュナの福音要約版 下巻［改訂版］　定価1000円（文庫判、392頁）「ラーマクリシュナの福音」の全訳からの主要部分をまとめた要約版下巻。

わが師 1000円(B6判、246頁)スワーミージー講演集。「わが師（スワーミーが彼の師ラーマクリシュナを語る)」、「シカゴ講演集」、「インドの賢者たち」その他を含む。

ヒンドゥイズム 1000円(B6判、266頁)ヒンドゥの信仰と哲学の根本原理を分かりやすく解説した一般教養書。

霊性の師たちの生涯 1000 円 (B6 判、301 頁) ラーマクリシュナ、サーラダー•デーヴィーおよびスワーミー・ヴィヴェーカーナンダの伝記。

神を求めて 800 円 (B6 判、263 頁) ラーマクリシュナの高弟、禁欲と瞑想の聖者スワーミー・トゥリャーナンダの生涯。

スワーミー・ヴィヴェーカーナンダと日本 価格 1000 円 (B6 判、152 頁) スワーミーと日本との関連性をまとめた。スワーミー・メーダサーナンダ著。

インスパイアリング•メッセージ Vol.1 価格 900 円 (文庫版変形、152 頁) 世界の偉大な預言者のメッセージを集めた小冊子です。

インスパイアリング•メッセージ Vol.2 価格 900 円 (文庫版変形、136 頁) 世界の偉大な預言者のメッセージを集めた小冊子の第 2 弾です。

はじめてのヴェーダーンタ 価格 1000 円 (B6 判、144 頁) はじめてインド思想のヴェーダーンタに触れる方々のために書かれたもの。

真実の愛と勇気 (ラーマクリシュナの弟子たちの足跡) 価格 1900 円 (B6 判、424 頁) 出家した弟子 16 人の伝記と教えが収められている。

シュリーマッド・バーガヴァタム [改訂版] 価格 1600 円 (B6 判、306 頁) 神人シュリー・クリシュナや多くの聖者、信者、王の生涯の貴重な霊性の教えが語られている。

ラーマクリシュナの生涯 (上巻) 価格 4900 円 (A5 判、772 頁) 伝記。その希有の霊的修行と結果を忠実に、かつ詳細に記録。

ラーマクリシュナの生涯 (下巻) 現在品切中、(A5 判、608 頁) 伝記の決定版の下巻。

バガヴァッド・ギーター 価格 1400 円 (B6 変形、220 頁、ハードカバー) ローマ字とカタカナに転写したサンスクリット原典とその日本語訳。

抜粋ラーマクリシュナの福音 価格 1500 円 (B6 判、436 頁) 1907 年、「福音」の著者みずからが、その要所をぬき出して英訳、出版した。改訂 2 版。

最高をめざして 価格 1000 円 (B6 判、244 頁) ラーマクリシュナ僧団•奉仕団の第 6 代の長、スワーミー・ヴィラジャーナンダが出家・在家両方の弟子たちのために説いた最高の目標に達するための教え。

カルマ•ヨーガ 価格 1000 円 (新書判、214 頁) ヴィヴェーカーナンダ講話集。無執着で働くことによって自己放棄を得る方法を説く。

バクティ・ヨーガ 価格 1000 円 (新書判、192 頁) 同上。人格神信仰の論理的根拠、実践の方法及びその究極の境地を説く。

ギャーナ・ヨーガ 価格 1400 円 (新書判、352 頁) 同上。哲学的思索により実在と非実在を識別し、真理に到達する方法を説く。

ラージャ•ヨーガ 価格 1000 円 (新書判、242 頁) 同上。精神集中等によって、真理に至る方法を説く。

シカゴ講話集 価格 500 円 (文庫判、64 頁) シカゴで行われた世界宗教会議でのスワーミー•ヴィヴェーカーナンダの全講演。

ラーマクリシュナ僧団の三位一体と理想と活動 価格 900 円 (B6 判、128 頁) 僧団の歴史と活動および日本ヴェーダーンタ協会の歴史がわかりやすく解説されている。

霊性の修行 価格 900 円 (B6 判、168 頁) 第 12 代僧院長スワーミー・ブーテーシャーナンダジーによる日本での講話。霊性の修行に関する深遠、そして実践的な講話集。

インド賢者物語 価格 900 円 (B5 判、72 頁、2 色刷り) スワーミー•ヴィヴェーカーナンダ伝記絵本。

C D

CD ガヤットリー 108 1200 円 (約 79 分) このマントラは、深遠な意味と高い霊的忘我のムードがあることから、インドの霊的伝統で最も有名なマントラ (真言) の一つです。

CD マハームリットゥンジャヤ・マントラ 108 1200 円 (約 73 分)。このマントラは、インドの霊的伝統

に基づく有名なマントラ（真言）の一つで､強い霊的波動と加護の力を持つことから広く唱えられています。

新版：CD マントラム 1200 円（約 66 分）。インドと日本の朗唱集。インドおよび日本の僧侶による。心を穏やかにし、瞑想を助けます。

シュリー・ラーマクリシュナ・アラティ　価格 2000 円（約 60 分）毎日ラーマクリシュナ・ミッションで夕拝に歌われているもの、他に朗唱等を含む。

シヴァ - バジャン（シヴァのマントラと賛歌　価格 2000 円（約 75 分）　シヴァに捧げるマントラと賛歌が甘美な声で歌われ、静寂と平安をもたらす。

こころに咲く花　～やすらぎの信仰歌～　価格 1500 円（約 46 分）　日本語賛歌 CD です。主に神とインドの預言者の歌で神を信じる誰もが楽しめる内容。

ラヴィ･シャンカール､シタール　価格1900円 世界的な演奏家によるシタール演奏｡瞑想などのBGMに｡

ハリ･プラサード､フルート　価格1900円 インド著名な演奏家によるフルート演奏｡瞑想などのBGMに｡

ディッヴャ・ギーティ（神聖な歌）Vol. 1～3　各価格 2000 円（約 60 分）聞く人のハートに慰めと純粋な喜びをもたらし、神への歓喜を呼び覚ます歌です。

ディヤーナム（瞑想）　価格 2000 円（77:50 分) 信仰の道（バクティ・ヨーガ）、識別の道（ギャーナ・ヨーガ）の瞑想方法を収録。

普遍の祈りと賛歌　価格 2000 円(44:58 分)サンスクリット語の朗誦と賛歌によるヴェーダ･マントラ。

シュリマッド･バガヴァッド･ギーター（3 枚組）価格 5000 円（75:27、67:17、68:00 分）サンスクリット語。インドの聖なる英知と至高の知恵の朗誦、全 18 章完全収録。

シュリマッド・バガヴァッド・ギーター選集　価格 2200 円（79:06 分）上記のギーター 3 枚組より抜粋し、1 枚にまとめた CD。

電子書籍（現在アマゾンのみの販売）

書籍（キンドル版）の QR コード。最新のものからすべて見ることができます。
https://goo.gl/haJxdc

雑誌（同版）、最近の雑誌を一冊ごとにキンドル化。
https://goo.gl/rFHLnX

雑誌合本総合（同版）、年ごとの合本（〔初期は 12 冊〕。１９６４年よりスタート。
https://goo.gl/AgQAs2

書籍・雑誌総合（キンドル版）。両方の最新のものからすべて見ることができます。
https://goo.gl/HbVHR2

※電子書籍は随時発行中。
※その他　線香、写真、数珠などあります。サイト閲覧又はカタログをご請求ください。
※価格･内容は、予告なく変更の可能性があります。ショップサイトで最新の情報をご確認ください。

会　員

・協会会員には、雑誌講読を主とする準会員（1年間４０００円、3年間１１０００円、5年間１７０００円）と協会の維持を助けてくれる正会員（1年間１５０００円またはそれ以上）があります。正・準会員には年 6 回、奇数月発行の会誌「不滅の言葉」と、催し物のご案内をお送り致します。また協会の物品購入に関して準会員は１５％引き、正会員２５％引きとなります。（協会直販のみ）（会員の会費には税はつきません）
・https://vedantajp.com/ 会員 / からも申込できます。

Rebirth and the Law of Karma [2nd Edition] - Swami Medhasananda
輪廻転生とカルマの法則［改訂版］― スワーミー・メーダサーナンダ

2017年07月01日 初版第1刷発行
2018年07月23日 改訂版第1刷発行

発行者　日本ヴェーダーンタ協会会長
発行所　日本ヴェーダーンタ協会
249-0001 神奈川県逗子市久木4-18-1
電 話　046-873-0428
E-mail　info@vedanta.jp
Website　vedanta.jp
FAX　046-873-0592

印刷所　モリモト印刷株式会社

万が一、落丁・乱丁の場合は送料当方負担でお取替えいたします。
定価はカバーに表示してあります。

ISBN978-4-931148-69-7
Printed in Japan

引用文と備考

［１］「マハーバーラタ」（パーンダヴァ兄弟、森での生活の章）Ahanyahani bhutani gachchhanti yamamandiram/ sheshah sthiratwam ichchhanti kim ascaryam atah param

［２］「カタ・ウパニシャド」（第１部第１章２０節）Yeyam prete vicikitsa manusye'stityeke nayamastiti caike/ etadvidyamanusistastvaya'ham varanamesa varastrtiyah

［３］「ギャーナ・ヨーガ」スワーミー・ヴィヴェーカーナンダ、２７～２８頁（日本ヴェーダーンタ協会）２００８年

［４］しかしイエス・キリストにしたがった思想家ペトロや、またギリシャ哲学のピタゴラスは、「生まれ変わりはある」と考えていました。聖書の「イライザはジョンとなって生まれた」、という生まれ変わりをほのめかす言葉はイエスが述べたと言われています。ですがのちのキリスト教会はそれを信仰せず、中世にはドミニコ会の修道士ジョルダーノ・ブルーノのように、再生を信じる者は異端として処刑されました。（本文３８頁参照）

［５］「ヨーガ・スートラ」（第２章３９節）Aparigrahasthairye janmakathamta sambodhah

［６］「ヨーガ・スートラ」（第３章１８節）Samskarasaksatkaranat purvajatijnanam

［７］「バガヴァッド・ギーター」（第4章5節）Bahuni me vyatitani janmani tava c'arjuna/ tanyaham veda sarvani na tvam vettha parantapa

［８］「Landane Swami Vivekananda (Swami Vivekananda in London)」

By Mahendranath Datta
[９]「ラーマクリシュナの生涯　下巻」２６３頁（日本ヴェーダーンタ協会）２００７年

[10]「スワーミー・ヴィヴェーカーナンダの生涯」８１頁（日本ヴェーダーンタ協会）２０１０年

[11]「ラーマクリシュナの生涯　下巻」５０１頁（日本ヴェーダーンタ協会）２００７年

[12]「シュリーマッド・バガヴァッド・ギーター」（第２章２２節）
Vasamsi jirnani yatha vihaya navani grhnati naro'parani/ tatha sarirani vihaya jirnanyanyani samyati navani dehi

[13]「シュリーマッド・バガヴァッド・ギーター」（第２章１２節）
Na tv'ev'aham jatu nasam na tvam n'eme jan'ahipah/ na chaiva na bhavisyamah sarve vayam atah param

[14]「井筒敏彦著作集　ルーミー語録」４６頁（中央公論社）

[15] 神様の名前、たとえばハリ、オーム、ブラフマンなどをくり返し唱え続けます。ヴェーダのマントラ、バガヴァッド・ギーターの朗唱、仏教のマントラ、南無阿弥陀仏などの念仏もよいです。重要なのは、死後の幸福を深く祈りながら神聖な言葉を唱えることです。（本文８２頁参照）

[16]「They lived with God (Life stories of some devotees of Sri Ramakrishna)」By Swami Chetanananda p150 (Advaita Ashrama)

[17]「ホーリー・マザーの生涯」スワーミー・ニキラーナンダ、１０３頁（日本ヴェーダーンタ協会）２００５年

［18］「Life Beyond Death」By Swami Abhedananda (Advita Ashrama)

［19］「ラーマクリシュナの福音」５９９頁（日本ヴェーダーンタ協会）２０１４年

［20］「シュリーマッド・バガヴァッド・ギーター」第６章４０節～４４節を参照。

［21］「シュリーマッド・バガヴァッド・ギーター」第８章６節
Yam yam v'api smaran bhavan tyajatyante kalevaram/ tam tam ev'aiti kaunteya sada tad-bhava-bhavitah

［22］「シュリーマッド・バガヴァッド・ギーター」第８章５節
Anta-kale ca mam eva smaran muktva kalevaram/ yah prayati sa mad-bhavam yati n'asty atra samsayah

［23］「シュリーマッド・バガヴァッド・ギーター」第８章７節
Tasmat sarvesu kalesu mam anusmara yudhya ca/ mayyarpita-mano-buddhir mam ev'aisyasy-asansayah

［24］ http://www.buddhismtoday.com/english/buddha/Teachings/042-Buddhistcosmology.htm

［25］「シュリーマッド・バガヴァッド・ギーター」第２章６２節
Dhyayato visayan pumsah sangas tesu'pajayate/ sangat samjayate kamah kamat krodho'bhijayate

［26］「シュリーマッド・バガヴァッド・ギーター」第２章６３節 Krodhad bhavati sammohah sammohat smrti-vibhramah/ smrti-bhramsad buddhi-naso buddhi-nasat pranasyati

[27]「ムンダカ・ウパニシャド」第2部第2章9節 Bhidyate hrdayagranthischidyante sarvasamsayah / ksiyante casya karmani tasmin drste paravare

[28]「シュリーマッド・バガヴァッド・ギーター」第１３章9節を参照。

[29]「ホーリー・マザーの福音」８５頁（日本ヴェーダーンタ協会）２００５年

[30] Nitya anitya vastu viveka

[31]「シュリーマッド・バガヴァッド・ギーター」第１８章３７節 Yat tad agre visam iva pariname'mrt'opamam/ tat sukham sattvikam proktam atma-buddhi –prasada–jam

「32」「シュリーマッド・バガヴァッド・ギーター」第１８章３８節 Visay'endriya-samyogad yat tad agre'mrt'opamam/ pariname visam iva tat sukham rajasam smrtam

用語解説

アートマン　Atman
（個人的な）魂。霊。純粋な意識。内なる自己。真我。

アーナンダ　Ananda
至福。

アヴィディヤー　avidya
vidya（知識）に否定の接頭辞 a がついたもので、字義は「無知」。究極実在の認識をさまたげる無知。

アヴィディヤー・マーヤー　avidya maya
二元性をもたらすマーヤーは、アヴィディヤー・マーヤーとヴィディヤー・マーヤーの二面を持っている。アヴィディヤー・マーヤーつまり無知のマーヤーは、怒り、欲情などからなり、人を世俗性に巻き込む。ヴィディヤー・マーヤーつまり知識のマーヤーは、親切、純粋さ、無私の性質などからなり、人を解脱に導く。いずれも相対界に属している。

アドヴァイターナンダ、スワーミー　Advaitananda, Swami
シュリー・ラーマクリシュナの出家した直弟子の一人。１８２８年～１９０９年。

アナーハタ　Anahata
ハートのチャクラ（チャクラとは、肉体および心のある領域の機能を支配するセンター）。

アベダーナンダ、スワーミー　Abhedananda, Swami
シュリー・ラーマクリシュナの出家した直弟子の一人。１８６６年～１９３９年。

アンナマヤ・コシャ　annamaya kosha

「食物でできたさや」の意。肉体のこと。koshaの意味は「さや(鞘)」。

イーシュワラ・コーティ　Isvarakoti
この世に特別な使命を持って生まれてくる、すでに完成された魂。シュリー・ラーマクリシュナの言葉によると「神の化身か、化身の性質の一部を持って生まれてくる魂」。

イニシエーション　initiation
入門儀式。師弟関係を結ぶ儀式。mantra diksha(マントラ・ディークシャー）を指すケースが多い。霊的な実践を始めるにあたり、グルからその実践を深めるための個人的なマントラを授与されること。そのマントラは師から弟子へ伝えられてきた霊性の伝統を伝えるもので、同時に神秘的な力も伝えられる。これが霊的実践の基本となり、種となる。

ヴィヴェーカーナンダ、スワーミー　Vivekananda, Swami
シュリー・ラーマクリシュナの一番弟子。のちに出家僧となり、１８９３年アメリカ・シカゴでの第１回万国宗教会議をきっかけに、ヨーガとヴェーダーンタ哲学の世界的な霊的指導者となる。会議では「普遍宗教」という師のメッセージを伝える特筆すべき演説をおこない、「アメリカの姉妹たち、兄弟たち」という言葉で講演がはじまると拍手が会場を包んだという。その後インド・コルカタに、「神を求めるならば人の中に求めよ」という師の教えを実践する場、また師の教えを霊性と知性によって体系化し、世界に通じる言葉として発信する場として、「ラーマクリシュナ・マト・アンド・ミッション」（通称ラーマクリシュナ・ミッション）を設立、組織的な伝道活動をおこなった。講話を翻訳したものに、「カルマ・ヨーガ」「バクティ・ヨーガ」「ギャーナ・ヨーガ」「ラージャ・ヨーガ」「シカゴ講演集」「わが師」「インスパイアード・トーク（eBook〔キンドル版〕)」がある。１８６３年～１９０２年。１８９３年、インドからアメ

リカへ渡る途中、約2週間日本に滞在している。

ヴィディヤー　vidya
解脱に導く知識。究極実在へと導く知識。

ヴィディヤー・マーヤー　vidya maya
アヴィディヤー・マーヤーを参照のこと。

ヴィヤーサ　Vyasa
ヴェーダの編さん者。

ヴェーダ　Veda(s)
ヒンドゥの最重要聖典。聖仙（リシ*）たちを通して人類に明かされた、神の直接啓示。その意味で聖典の中でも「シュルティ」（聞いたもの）と称されて特別な権威を持っている。ヒンドゥ聖典の最古、かつ正統なもので、他の聖典はすべてヴェーダから生まれ、ヴェーダに権威を得る。神々をまつる祭式の方法、人間の行為についての指示と禁止などの最後に、真理についての知識が書かれておりそれがウパニシャドと呼ばれている。4種類の形態（リグ、サーマ、ヤジュル、アタルヴァ）で伝えられ、それぞれがいくつかのウパニシャドを含む。

ヴェーダーンタ　Vedanta
字義は、「ヴェーダの最後の部分（アンタ）」、「ヴェーダの究極」。ヴェーダーンタとウパニシャドは本来同義であるが、学派としてのヴェーダーンタ学派がのちに成立し、それがインド哲学の主流をなした。主として瞑想と、アートマン、ブラフマンの知識を扱う。

ウパニシャド　Upanishad(s)
字義は「（師の）近くに座る」、すなわち「師と弟子が膝を交え

て親しく伝授されるべき教え」という意味であり、ヴェーダの終結部にある真理についての奥義の部分を指す。神とは何か、神はどこにどのように存在するのか、神を悟る努力をすべきなのはなぜかを教え、さらに人と宇宙と神の関係、神を悟る方法（その道に横たわる障害、克服法、振る舞い方、すべきこと、すべきではないこと）、神を悟るとどうなるのかを教える。

カルマ　karma
語源を kri（おこなう）に持ち、おこない、行為、働きを意味する。哲学的には、行為および行為が原因で生じる結果を意味し、プラーラブダ、サンチター、クリヤマーナの３つからなる。前後関係により、宗教儀式をカルマと言うケースもある。

カルマ・ファラー　karma phala
字義は「行為の果実」。快または苦の形をとってあらわれる行為の結果。サンチター、プラーラブダ、クリヤマーナの３種がある。

カルメンドリヤ　karmendriya(s)
カルマ（行為）とインドリヤがひとつの言葉となり、行動器官を意味する。その種類については本文第４章を参照。

ギー　ghee
水分を蒸発させて精製した液状バター。

ギャーナ・ヨーガ　jnana yoga
知識のヨーガ。知識の道。識別と放棄およびその他の修行からなる。ギャーナは真の知識を意味する。

ギャーネンドリヤ　jnanendriya(s)
ギャーナ（知識）とインドリヤがひとつの言葉となり、認識知

覚器官を意味する。その種類については本文第4章を参照。

クリシュナ　Krishna
字義は「黒い神」。この名で呼ばれる神の化身。ヒンドゥ諸神の中でもっとも崇拝され、様々な聖典と寓話があるが、マハーバーラタ叙事詩の「バガヴァッド・ギーター」が特に有名。

グル　guru
霊性の師。

解脱（げだつ）
サンスクリット語でmoksha（モークシャ）、mukuti（ムクティ）と言う。解脱の目的は、マーヤーの影響からのアートマンの解放。輪廻転生からの完全な脱出。その結果、自分の本性を理解する、すなわち神の本性を理解する。解脱と悟りの結果は同じである。

サチダーナンダ　Satchidananda
字義は「絶対なる実在、知識、至福」、すなわち究極の実在。ブラフマンの一名。神の本性。または、真理を知った至福の状態。

サット　Sat
実在。存在。

サットワ　sattva
純質。純粋、平静、安定、調和、誠実、真実、英知に通じる性質。

悟り（さとり）
人間とこの世界の本性を悟ること。悟った結果、解脱する。

サムスカーラ　samskara
前世から持ち越された傾向。前世における行為によって生じた

精妙な衝動力。過去の印象と言う場合もある。

サンスクリット語 Sanskrit
字義は「完成された言語」。デヴォ・バーシャ（神の言語）と言われるほど神聖な波動と美しさをもった、古代インドの言語。当時の知識人の話し言葉で、多くのヒンドゥ聖典および仏典はこの語で書かれている。「梵語」は漢字表記の異称。日本語五〇音字の成立に多大な影響を与えたとされる。

ジヴァートマン jiva-atman
個別意識をもった魂（jiva は個別意識）。肉体に宿っている魂。絶対者ブラフマンに対しての個我。哲学的にはラジャスとタマスの優勢なマーヤーの影響下にあるブラフマン自身を示す。

ジヴァンムクタ jivanmukuta
生きているあいだに解脱した魂。

四苦（しく）
仏教では根本的な苦を、生・老・病・死の四苦だとする。仏教聖典「おしえ（dharma）」第１章第１節参照。

ジャラール・ウッディーン・ルーミー Jalal ad-Din Rumi
１３世紀頃のペルシャ語文学の有名な詩人。イスラーム教の説教師、神学者。

シュッダートマン shuddha-atman
完全に純粋なアートマン。真理そのもの。shuddha は「本来的に純粋」の意。

スボダーナンダ、スワーミー Subodhananda, Swami
シュリー・ラーマクリシュナの出家した直弟子の一人。１８６７

年〜１９３２年。

聖典（せいてん）　Shastra(s)
Shastra（シャーストラ）の字義は「支配するもの」。ヒンドゥ*の聖典は他の諸宗教の聖典とちがい、数や種類が豊富であることが特筆されるが、それは、無数の賢者たちがさまざまな道を通って同一のゴールにたどり着いたこと、また、さまざまな段階の人びとに神について説明する必要があることによる。

タマス　tamas
鈍質。暗質。惰性、怠惰、不活発、にぶさ、腐敗に通じる性質。

ダルマ　dharma
語源をdhri「支える、維持する」に持ち、本来的な意味は「存在を維持するもの」「存在が依って立つ根拠」。そこから「あるものの本質的な性質を意味する」言葉としてさまざまに使われている。たとえば、物事の真の本性、法則、人生の規範、道徳、正義、正法、正しい教え、宗教、義務、天命など。

チット　Chit
意識。知識という意味もあるが本来は意識（意識がなければ知識はない）。

チャールヴァーカ　Charvaka
唯物論および快楽至上主義を説いたインド哲学者（一派とする考えも）。霊魂の存在に疑いを持ち、ヴェーダを否定する態度をとった。

ニランジャナーナンダ、スワーミー　Niranjanananda, Swami
シュリー・ラーマクリシュナの出家した直弟子の一人。１８６２年〜１９０４年。

バガヴァッド・ギーター Srimad Bhagavad Gita
ヴィヤーサ聖者の作とされる「マハーバーラタ」第6巻「ビシュマの巻」の一部。親戚・知人と相まみえる大戦争を前に思い惑う王子アルジュナとシュリー・クリシュナとの対話。戦争のまさに前日、シュリー・クリシュナはとるべき道を説き、アルジュナに勇敢に戦うことを決意させた。バガヴァーン・シュリー・クリシュナ（クリシュナ神）の教えそのものであるマハーバーラタのこの部分は、「シュリーマッド・バガヴァッド・ギーター」（神聖な神の教えをたたえる歌）と呼ばれ、世界の言語に翻訳されて霊性の道に挑む人びとを励ましている。ウパニシャドはヴェーダの精髄であるが、ギーターはウパニシャドの精髄である。

パタンジャリ Patanjali
ヨーガ・スートラの編さん者。生年は紀元前2世紀頃から紀元後5世紀頃とされるがはっきりわかっていない。

パラサイコロジー parapsychology
超心理学と訳される。ESP と呼ばれる超自然力についての学問的研究。１９世紀後半、アメリカの哲学者・心理学者ウイリアム・ジェームズを中心におこった。

バララーム・ボシュ Balaram Basu
シュリー・ラーマクリシュナの在家の直弟子。１８４２年～１８９０年。

ヒンドゥ Hindu
インダス河（Indus）のサンスクリット名、シンドゥ（Sindhu）がやがてヒンドゥ（Hindu）と呼ばれ、それがその地や住民を指す言葉となり、さらにはインド人一般を意味するようになった。

ヒンドゥ教 Hinduism
インド国民の８割が信奉する宗教で、インドの社会制度、生活習慣を含む。源はヴェーダであり、そのエッセンスはヴェーダーンタにある。信仰の主点は、生命および実在に関する不変で永遠の真理。それゆえに永遠の宗教（サナータナ・ダルマ）とも呼ばれる。

ブラフマーナンダ、スワーミー Brahmananda, Swami
シュリー・ラーマクリシュナの出家した直弟子の一人。シュリー・ラーマクリシュナの霊性の息子と呼ばれるほど霊性のレベルが高かった。ラーマクリシュナ・マト・アンド・ミッションの初代僧院長。彼の生涯と霊性の教えを翻訳したものに「霊性の伴侶」（日本ヴェーダーンタ協会出版）がある。１８６３年〜１９２２年。

ブラフマン Brahman
（偉大なレベル、神のレベルの）魂。究極実在。究極存在。字義は「偉大な者」。

ホーリー・マザー・シュリー・サーラダー・デーヴィー Holy Mother Sri Sarada Devi
シュリー・ラーマクリシュナの霊性の伴侶。当時のインドの一般的な慣習に従い、６歳でシュリー・ラーマクリシュナのいいなづけとなり、１８歳で約１００キロ離れた寺院に住む婚約者と生涯を共にするため生まれ故郷を発った。その頃のシュリー・ラーマクリシュナは霊性修行の生活に没頭していたが、それでも彼はたいへん親切にサーラダーを迎えた。神の意志が彼女を連れてこさせたのを感じたからである。その後長きに渡ってシュリー・ラーマクリシュナと彼の弟子たちに仕えた。シュリー・ラーマクリシュナは亡くなる前に弟子たちに、彼女を彼らの母親と

見なすことをすすめた。地味で控え目な女性だったが霊的・知的なリーダーとして才があり、シュリー・ラーマクリシュナの逝去後も宗教的な奉仕をつづけ、霊性の感化と指導につとめて人類の母としての役割を果たした。さらにすべての訪問者のための、シュリー・ラーマクリシュナの教えの重要な説明者・教師でもあった。その生涯と教えを翻訳したものに、「ホーリー・マザーの生涯」「ホーリー・マザーの教え」（日本ヴェーダーンタ協会出版）がある。１８５３年〜１９２０年。

マーヤー　maya
霊的な無知。本質（真理）を覆い隠すヴェール。絶対者を相対界と見る宇宙的幻覚。

マハーバーラタ　Mahabharata
サンスクリットの韻を踏んだ十万余の詩節からなる世界最大の叙事詩。またインド二大叙事詩のひとつ。聖者ヴィヤーサ*の作とされ、成立時期は紀元前と言われているがはっきりわかっていない。タイトルは「偉大なバーラタ族の物語」という意味で、パーンドゥ家とクル家によるバーラタ王朝内の争いを軸に人間の生き方を説き、霊的な気づきを与える。

ヤマ　Yama
死の王。死神。えんま（閻魔）はyamaの音訳といわれる。

ヨーガ・スートラ　Yoga Sutra
ヨーガ格言集。８つの連続したコース（ヤマ、ニヤマ、アーサナ、プラーナーヤーマ、プラティアハーラ、ダーラナー、ディヤーナ、サマーディ）を段階を踏んで修養する体系的で科学的なヨーガの技法が記されている。またその道に横たわる障害にも記述が及ぶ。すでにあったヨーガの思想や行法をパタンジャリが系統づけて編さんしたといわれる。

ラージャ・ヨーガ Raja -yoga
瞑想などを行じて精神を集中することで真理に到達しようとするヨーガ。科学的に系統だてられた8つのコースを修養する。「ヨーガ・スートラ」がそれを論じる。

ラーマクリシュナ、シュリー Ramakrishna, Sri
近代インドの聖者。インド・ベンガル地方の貧しい司祭の家に生まれた。学校教育はほとんど受けていない。十代でコルカタに出、やがてカーリー女神をまつるドッキネッショル寺院の役僧となる。12年間、ヒンドゥのさまざまな聖典が規定する霊性修行に精神と肉体を捧げきり、結果カーリー女神やヒンドゥ諸神との合一を達成、みずからを神の化身と考えるようになった。その後もイスラーム教やキリスト教など諸宗教の修行を積み、さまざまな神秘体験を得、ついに「あらゆる宗教において、神にいたる道は同一である」と確信した。このような体験と確信に基づいてやがて真理を語りはじめ、彼のもとにはさまざまな宗教のさまざまな民衆が集まるようになり、1875年頃にはその思想がベンガル地方に浸透してゆく。だが局地的な存在にすぎなかった彼の名を世界的にしたのは、1982年に彼の弟子となったスワーミー・ヴィヴェーカーナンダである。1836年〜1886年。

ラーマクリシュナの福音 Gospel of Sri Ramakrishna
原題は「Sri Sri Ramakrishna Kathamrita」（シュリー・シュリー・ラーマクリシュナの甘露のような言葉）。シュリー・ラーマクリシュナの在家の直弟子M（マヘンドラナート・グプタ）による、シュリー・ラーマクリシュナが亡くなる前後約5年間の記録。シュリー・ラーマクリシュナが語られた内容はブラフマギャーナ（ブラフマンの知識）と同じである、と言われるとおり「福音」には聖典のすべてのエッセンスが入っている。記録者Mは傍観者に徹して出来事を忠実に書き留め、かつ当時の様子や場の雰

囲気、自然の背景などを織り込んでダイヤモンドのような教えをさらに美しく輝かせた。それゆえに「福音」はベルベットのケースに入ったダイヤモンドのようだ、と言われる。日本ヴェーダーンタ協会より出版。

ラジャス　rajas
激質。活動、活発、欲望、落ちつきなく動き回る、不安定に通じる性質。

リシ　rishi
霊的真理を観る人。見神者。聖仙。聖者。

輪廻転生（りんねてんしょう、または、りんねてんせい）
魂が誕生と死をくり返すこと。

索　引

索　引

ア行

カ行

サ行

タ行

ナ行

ハ行

マ行

ヤ行

ラ行

ワ行